今夜のワイン、どうしよう？
今夜のゴハン、どうしよう？

行正り香

講談社

はじめに

　ワインはおいしい飲み物です。みんなを酔っぱらわせて、しあわせにしてくれる。でも私にとっては、単なるお酒のひとつではありません。ワインは、毎晩出会う未知の友人であり、反対にがっかりさせられることのある存在でもある。それは「おいしいお酒」という範疇を超えて、私の毎日に刺激と歓びと働く意欲すらもたらす、特別な存在です。それでは、最初からそうであったか？　というと、それは違います。最初は、単なるお酒のひとつで、酔っぱらわせてくれるから楽しいのであって、おいしいとか、まずいとか、それ以上のことを考えたことはありませんでした。それが徐々に、飲む本数が増えるごとに、変わっていったのです。「ワインにはさまざまなブドウ品種がある。香りがある。色や渋みがある。温度によって、舌の先が感じる甘みも違う」。あるときから、舌から入ったワインが、喉の奥だけでなく、脳の奥に言葉として入っていき、情報ファイルの中に分類されていくような感覚がしたのです。

　ワインの魔力の半分は、私は「香り」ではないだろうか、と思います。味だけで選ぶならば、コンビニのチリワインや、南イタリアなどのリーズナブルワインで十分満足できる。ただ、香りは違う。それは比較的値段に正直で、同じ品種によっても産地によっても全く違い、まるでドラッグストアの５００円フレグランスとエルメスの心地よい香水ほどに違ってくるのです。よい香りのワインとは、エレガントで、高貴で、夢があり、過去のよき思い出を引き出してくれるかのような魔力があります。不思議なことに、そんなワインを体験した「そのとき」から、ワインというものは、どうしても側にいてほしいパートナーのような存在となってしまうのです。

ワインとの出会い、ワイン畑との出会い

　単なる「飲むリエ」の私でございますが、ワインとのご縁はちょっとだけスペシャルです。それは18歳の秋、アメリカのカリフォルニアに留学したときに、留学先として選ばれたのがワインカントリーのソノマであったということです。３年間住んだホストファミリーの家は、車で10分も走るとまわりはブドウ畑というエリアでした。家の裏手にはファウンテングローブという、日本人が創設したワイナリーの建造物があり、車に乗せてくれる人がみな「日本人とこの土地は深い縁があるんだよ」と教えてくれました。後にその人は、長澤鼎《ながさわかなえ》という薩摩藩出身の人で、カリフォルニアワインの世界では尊敬される人物であることを知りました。留学してホームシックにかかっ

たとき、「そんな昔にもっと大変な思いをして、同じ九州からこの土地に住み、働いていた日本人がいたんだ」と会ったこともない歴史上の人物に、少し勇気づけられたのを覚えています。

その後、ホストファミリーの3兄弟の車で、ナパやカリストーガ、ヒルズバーグなどに遊びに行きました。カリフォルニアはお酒を21歳まで飲めないので、私たちはドライブをするだけ。トンプソン・ツインズやU2のカセットを流しながら、大声で歌って、ワインカントリーを回りました。季節によって表情を変えていくブドウ畑の風景は、好きにならずにはいられません。秋の収穫前には果実を実らせ、晩秋には黄金色の葉を身にまとい、初春はマスタード色の菜の花に囲まれ、そして再び、黄緑の赤ちゃんブドウを実らせる。着実に育ち、収穫され、そして再生していくサイクルは、誰かの人生を見ているようでもありました。21歳の誕生日に、私のワインの師、ナディーンという友人がテイスティングに連れていってくれました。ロバート・モンダヴィ、シャトー・セントジーン、ベリンジャー。若かった私には、テイスティングしたからといって「ピン」とくるようなことは何もありませんでした。でも、ワインを飲める大人になったワクワク感は、今も忘れることはありません。

世界のワインとの出会い

　ワインのことを詳しく知らぬまま、編入先の大学寮に2年ほど住むことになりました。その寮には、世界中からいろんな国の人が集まっていましたが、カフェテリアでよくいっしょにゴハンを食べたのは、ヨーロッパの人たちでした。大学院生や教授も多い寮だったので、週末は寮のキッチンで料理をしながら、ヨーロッパの料理とワインに出会うことができました。スペイン、イタリア、フランス、ドイツ、ハンガリー。みんな自国のボトルを持ち寄り、ワイン自慢が始まります。いいなぁ、素敵だなぁ。ワインのことはよくわからないけれど、ワインが創り出す時間と空間はとても豊かでした。あまりにもヨーロッパに惹かれたので、その後、スペインのバルセロナに滞在し、イタリアの友人を訪ねてイタリア料理に出会い、さらにドイツの友人を訪ねて、すばらしき白ワインに出会うことができました。

そして、みなさんとの出会い

　私はこうしてワインに出会ってきましたが、今度はこの本を通じて、みなさんと出会うことになりました。みなさんがこの本を手にされたのは、単においしくて安いワインを探したいだけではないと思います。何を覚えたらおいしいワインに出会えるのか、ワインにはどんな品種があるのか、レストランではソムリエの方に、どう伝えたら自分の好みのワインが出てくるのか（そして、どうしたら飲んでいる自分がカッコよく見えるのか！）。ワインのことをもっと知りたくなったから、手にとってくださったのだと思います。でもワイン専門書は難しそう。もっと簡単で、必要最低限の説明をしてくれる人の話が聞きたいな、と思われたのではないでしょうか。私にはソムリエの資格も、ワインエキスパートの資格もありません。食材や農産物のひとつとしてワインとまっすぐに向き合ってきただけの、単なる「飲むリエ」です。でもだからこそ、私が素直に感じたおいしいワインの見つけ方を、可能な限り正直に、わかりやすくお伝えしていきたいと思います。「今夜のワイン、どうしよう？　今夜のゴハン、どうしよう？」、そんな素敵な悩みを持つみなさんにお会いできてよかった。

まずは一杯のワインで、乾杯！

ワインとの出会いを作ってくれたソノマの風景、ホストファミリーのお父さん、お母さん。
ワイナリーをドライブしたホストブラザー、大学の寮と寮の友人たち。家では、うさぎを飼っていました。
ブドウ畑には馬もいて、菜の花も咲き、春も、夏も、秋も、そして冬も美しかった。
一番好きな時期は二月かなぁ。春が訪れた瞬間の大地の変化は、目を見張るものがありました。

今夜のワイン、どうしよう？　今夜のゴハン、どうしよう？

目次

PART 3

おいしいワインをコンビニ、スーパー、ワイン専門店で見つけて料理してみよう　37

料理レシピについて
●小さじ１＝５㎖、大さじ１＝15㎖、カップ１＝200㎖を使用しています。●電子レンジは500Wを使った場合の加熱時間です。600Wの場合は加熱時間を0.8倍にしてください。●オーブンは、方式や機種などによって差がありますので、様子を見ながら加減してください。●レシピは、作りやすい分量をもとにしています。人数や作る品数によって、調整してください。●オリーブオイルは、エクストラバージンオリーブオイルがおすすめです。●塩は粗塩をお使いください。

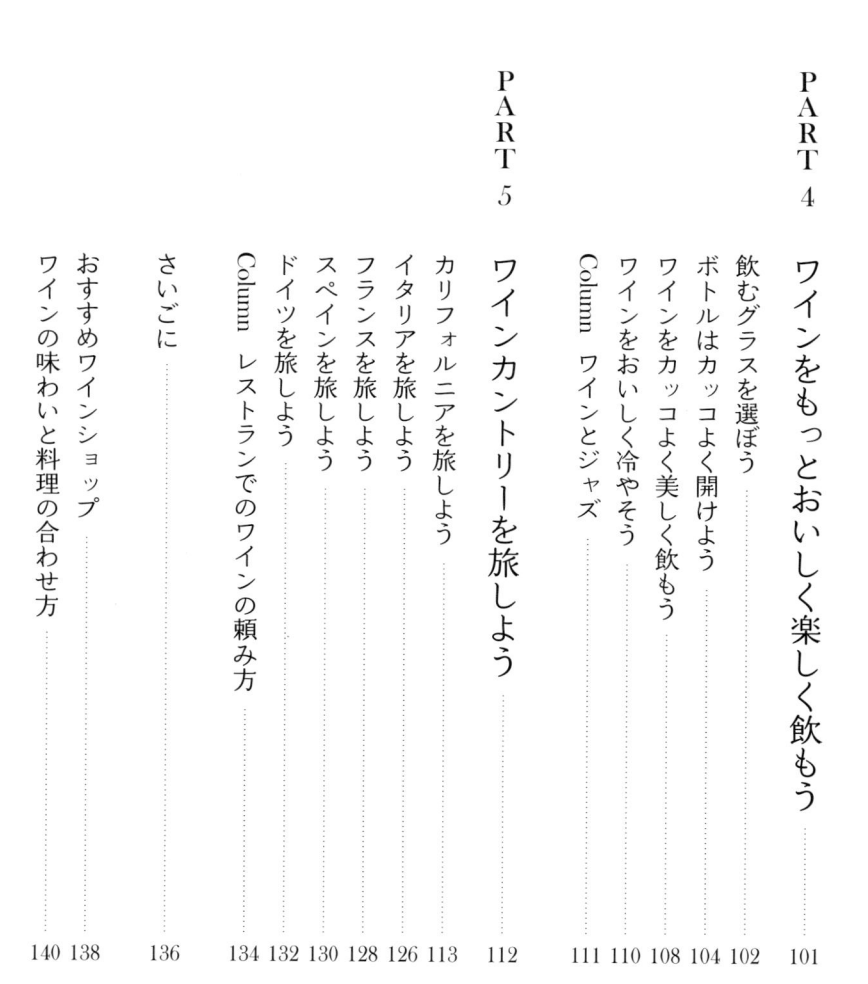

PART 1

おいしいワインを見つける5つのコツ

料理と食が好きならば、ワインに興味を持つのは当たり前のこと。好きだから、と情報を集めようとすると、シャトーや品種の名前に加え、ブーケだアロマだ、テロワールだと、見慣れない単語が並びます。もっとワッカラナ〜イ！　というわけで、私、やみくもに飲んでみました。すると不思議。人間、数をこなすと見えてくることがあるのです。そんな私が「おいしいワインを見つけるコツ」をリストアップしてみました！

【コツ1】オープンハートを持つこと

よいものに出会うためには、オープンハートを持つことが必要です。人、国、アート、インテリア、音楽、ワイン、すべてにおいて同じです。ワインに関してはひとつだけ、多くの日本人はハートを閉じているのかな、と感じることがあります。それはソムリエを目指しているわけではない一般の方も、「フランスワインという文法」から入ってしまうということです。ソムリエ試験に受かるためにはフランスは越えなければいけない壁ですが、「飲むリエ」にとっては、細かなフランスの畑の名前などを覚えるより、世界のワイン産地国、ブドウ品種の特徴をざっくりつかんだほうが、おいしいワインを見つけるチャンスが飛躍的に増えるのです。細かいことより大枠を。文法よりは実践です。フランスも、フランスワインも大好きだけれど、初心者ならば、ほんの少しの間だけ、シャトーや畑の名前を暗記することは忘れてみましょう。

【コツ２】新世界ワインから始めてみること

ワインの値段は、車やバイオリンの値段と同じで、ピンキリです。もしみなさんが私と似たような生活スタイルならば、興味あるワインのお値段は「国産車か練習用バイオリン」くらいかもしれません。つまり、平日ワインならば５００円以上１５００円以下、休日ならば１５００円以上３５００円以下、特別に飲むワインでも、自分で買って飲むなら４５００円くらいまでかな、と。それ以上は飲むリエにはもったいない。ワインがわかるソムリエの方に飲んでいただかなきゃ！　というわけで、手に届く価格帯なら、まずは人件費の安いワイン産地国を知るということが重要です。同じ１０００円以内で探すならば、例えば新世界トリオ、「チリ、アルゼンチン、南アフリカ」は有力です。１０００円を超えたら、さらに「オーストラリア、ニュージーランド、アメリカ」。次に旧世界（伝統的にワインを造ってきた国）の「イタリア、フランス、スペイン、ドイツ（特に白）」。ワインのおいしさと値段は必ずしも比例関係にはありませんが、値段と「ワインの人気度」は確実に比例関係にあるので、フランスのボルドーやブルゴーニュ、シャンパーニュなど、有名エリアのワインは、ワインそのものの質と同時に、〝地名〟や〝ブランド〟にもお金を払っているということをわかっておく必要があります。

【コツ3】１２００円以下なら赤よりも、白とロゼから選ぶこと

おいしいワインとは何か？　と聞かれたら、「渋すぎず、甘すぎず、酸っぱすぎないワインです」と私は答えます。それなりにバランスが取れていて楽しく飲めたら、それはおいしいワインだと。ただ、赤のレベルがググッと上がってくるのは、１２００円以上の価格帯ではないかな？　と思っています。赤は造るための工程が多いので、同じレベルのブドウを材料として使っていたのでは採算が成り立たないからです。例えば、レストランでワインを選ぶとします。一本の値段は仕入れ価格の3倍前後。３０００円以内のワインだったら、仕入れ価格はだいたい１０００円前後ということです。こういう価格帯の場合、私は、魚料理だから白、肉料理だから赤、と考えるのではなく、ロゼを選ぶようにしています。「渋すぎ、甘すぎ、酸っぱすぎの赤」と感じる回数が減るからです。３０００円以上払って赤を選ぶときは、新世界トリオから選びます。次に南イタリアや、スペイン、そして南フランスも選択肢に加えます。また、リーズナブルな価格帯の赤ワインは、少し冷やしたほうが飲みやすい気がします。フランスのピノ・ノワールは、もともと手がかかってコストが上がりやすいタイプなので、低価格帯で選ぶときは、多少酸っぱいことを覚悟して（笑）、いただきます。

【コツ４】信頼できるお店、人を探すこと

ワインはセレクションが無限大です。本当はネットで買えば運ばないでよいし、リーズナブルでおすすめなのですが、どんなワインを買ってよいかわからない人にとって、ネットは海の中でコンタクトレンズを探すようなものです。そこで重要となってくるのは、信頼できるお店を探すことです。信頼できる店＝大きくて有名なワイン店、ではありません。信頼できる店＝ワインが好きな店員さんがいる店、ということです。小さな酒屋さんでも、スーパーでもデパートでもかまいません。本当にワインが好きな人は、興味が深く、知識もあり、いろんな国のいろんなワインを試していて、「お客さんに知ってほしい、試飲してほしい」と目をキラキラさせています。一方、ブランド重視派のお店だと、フランスのボルドーやブルゴーニュ地方のワインが中心で、多少お金をかけなくてはおいしいワインに出会うことができないということになります。ちなみに私は、レストラン「ＦＯＯＤ／ＤＡＹＳ」（Ｐ１３５）のワインをセレクトしていますが、心がオープンで、正確な舌と鼻を持ち、かつブランドに頼らないソムリエ、越智さんというパートナーがいなければ、おいしいワインに出会うのは難しくなります。低価格帯でも手を抜かない、良心的な店員さんがいるお店は、すばらしいフィルターを通してワインを選んでいます。まずは手書きの説明文が多く、ワイン好きがいるお店を探してみましょう。

【コツ5】値段と好み、できれば好みの品種を伝えること

ワインを買うときも、レストランでオーダーするときも、一本に対して払いたい値段と好みをはっきり伝えることは、おいしいワインに出会う最大の近道です。「何かおいしいものを」「おすすめを」と丸投げしていたのでは、頼まれたほうも答えるのに困るからです。もしワインリストに４５００円という値段があれば、ちゃんと指でさし、「これくらいの値段で、すっきり系の白をいくつか教えてください」と素直に伝えてみることが大切です。Ｐ28からは主なブドウ品種の説明もしますが、品種名を伝えると自分好みのおいしいワインに急接近できます。ちなみに、巻末でご紹介しているイタリア料理店「ケ・パッキア」のソムリエ、小田さんは、いつも私にドンピシャのワインを選んでくださいます。「これくらいのお値段で、フルーティーなんだけれど、辛口な白はありますか？」などと聞くと、素敵な3本を紹介してくださるのです。「あ、おいしい！」と感じたときは、しあわせ！理想の男性に出会ったかのような気分です（笑）。「ワインは知的でセクシー」といわれる所以は、言葉と互いの経験を掛け合わせ、想像力で同じものを探り当てていく、というところにあるのです。一本のワインは未知のオトコであり、未知のオンナ。みなさんも、たくさんのデートを重ねてみてくださいね。

好みがわからない人のための お好み品種の見つけ方

インテリアでも音楽でもワインでも、好みを見つけるというのは難しいことです。でも友達を観察してみると、以下のようなタイプに分類できたりします。巻末の早見表と照らし合わせながら、自分がどんなブドウ品種がお好みか、探ってみてください。

Aタイプ

コーヒーもフルーツも苦みがあるもの、味は濃くて複雑なもの、食後のデザートならばあっさり系がお好み→オール品種タイプ。特に赤ならカベルネ、サンジョヴェーゼ、テンプラニーリョ、ピノ・ノワールなど、白ならば個性あるドイツのリースリング（カビネット）やアルザスの辛口、イタリアのもの、すっきりしたシャルドネなどがお好み。

Bタイプ

コーヒーならば、カフェラテ、ジュースならばりんごやオレンジ、デザートには甘いアイスクリームやフルーツのデザートが好き→赤ワインならば新世界のメルローやシラー、ジンファンデルなど渋みが少ないもの、白ならば果実味のある新世界のシャルドネや少しフルーティーなドイツ、アルザス系の白などがお好み。

Cタイプ

コーヒーよりは紅茶やハーブティーが好き。辛いものよりさっぱりしたもの、甘いもの、酸味が強すぎない食べ物が好き→赤よりは白、ロゼがお好み。ドイツのリースリング（シュペトレーゼ、アウスレーゼ）やアルザスの白などはきっとお好み。

乱暴すぎるくらいの分類ですが、私が友達の好みを探るときにする質問です。ちなみに私はAタイプ。

PART 2

「値段、国、品種」3つの視点でワインを買おう

一つの風景を、どういう視点から見るかで全く違って見えるように、一本のワインを、どんな観点で買うかによって、ワインの味も香りも変わります。風景と同じで、視点は多いほうが世界は豊かに広がるというもの。ここではワインを選ぶときにポイントとなる「値段、国、品種」という3つの要素から探っていきましょう。

【買い方1】値段で買おう

ワインは高ければおいしいか？　というと、実はそうでもありません。３５００円のワインより、５００円のワインのほうがおいしい！　と思うことはあります。ただ、「高ければ世界で人気があるワインか？」と聞かれたら、それは事実だと答えられます。そのワインがブランド化し、世界中のバイヤーが買おうとすれば、値段は不動産と同じようにつり上がるからです。値段は目安と考えておいたほうがよいとも言えますが、ひとつだけ、気がついたことがあります。それは「１０００円前後の安くておいしいワインを生産しているメーカーは、倍の値段のボトルを選べば、確実に香りが増し、印象深いワインを造る」ということです。例えばコノスル、ロス・ヴァスコス、トーレス、ロバート・モンダヴィ、ファルネーゼなど、一本に対して、もっとブドウを丁寧に選定し、ゴミを取り、しかるべき樽で熟成させたワインは、やはり手をかけた農作物同様、質はよくなる傾向にあります。こちらでは、私が値段の違いによって気がついたことを書いています。また、価格帯ごとに具体的にメーカーの名前も挙げました。たくさんあるのですが、日本への輸出も多く、全国のお店で見つける可能性が高いものです。２５００円までは、具体的に名前を挙げていますが、それ以上はセレクトする範囲がぐんと広がるので、メーカー名を明記していません。参考にしてみてください。

¥1000◂¥500

1.ジーセブン・シャルドネ
463円　原産国：チリ
ブドウ品種：シャルドネ
／セイコーマート

2.フェリースグラシア
カベルネ・ソーヴィニヨン
369円　原産国：チリ
ブドウ品種：カベルネ・
ソーヴィニヨン
／ポプラ

500～1000円

お気軽ワイン

おそらく私が一番飲んできた価格帯かと（笑）。この価格帯ならば、まずは新世界のチリ、アルゼンチン、そして南アフリカをおすすめします。特にチリのワインはコストパフォーマンスが高い。その理由は、格安の人件費や大規模ワイナリーということにもあるのですが、日本・チリ経済連携協定というのがあって、輸入関税15％がかからないからだといわれています。新世界を中心とした以下のブランドはどこも信頼のおけるブランドです。特に白ならばシャルドネ、ソーヴィニヨン・ブラン、赤ならばカベルネ・ソーヴィニヨン、メルローなどのメジャー品種はおすすめです。また、白でゲヴュルツトラミネール、リースリングなども見つけることは可能なので、「おいしいな」と思ったらラベルを写メしておきましょう。メーカーではありませんが、コンビニやスーパーのオリジナルワインにも、良質なものを発見できます。

おすすめメーカー／コノスル、アナケナ、サンライズ、イエローテイル、フロンテラ、サンタ・リタ、サンタ・イネス、カリテラ、パンゴリン、ＫＷＶ、クマラなど。

¥1500◂¥1000

4.ファミコレP
フォール・デュ・ミライユ 赤
1000円　原産国：フランス
ブドウ品種：メルロー、
カベルネ・ソーヴィニヨン他
／ファミリーマート

3.コノスル オーガニック
シャルドネ ヴィーニャ・コノスル
1200円　原産国：チリ
ブドウ品種：シャルドネ
／ナチュラルローソン

１０００～１５００円

リーズナブルワイン

１０００円を超えると、セレクトできる産地が広がり、品種の幅も広がります。この価格帯でのトップランナーはチリですが、ここにイタリア（主にプーリア、アブルッツォ、マルケ、カンパーニャなど）、南フランス（主にラングドック・ルーション、プロヴァンス、ローヌなど）、スペインが加わり、品種もピノ・グリージョやマルヴァジーア、モンテプルチアーノ・ダブルッツォ、テンプラニーリョ、グルナッシュといった個性的な品種が選択肢に入るようになります。さらに、オーストラリア、ニュージーランドの優れたワインとも出会えるようになります。以下は手に入れやすい大手メーカー例ですが、イタリア、スペイン、南フランスの旧世界でも確実に強い価格帯なので、大手メーカー以外でもいろいろと探してみてくださいね。

おすすめメーカー／ロス・ヴァスコス、カッシェロ・デル・ディアブロ、グランタラパカ、トラピチェ、ファルネーゼ、ＪＪマクウィリアム、ペインターブリッジ、アイアンストーン、トートワーズクリーク、ウッドブリッジ、ボーランドセラー、ボデガ・ノートン、ウマニ・ロンキ・ヨーリオ、トーレス、ベリンジャー、イーグルホークなど。

¥2500◂¥1500

6.レ・ダロン
1680円　原産国：フランス
ブドウ品種：ガルナッチャ、カリニャン他
／イオン

5.ジェイコブス・クリーク「わ」
1505円　原産国：オーストラリア
ブドウ品種：シャルドネ、ピノ・グリージョ
／サミット

1500～2500円

クオリティワイン

　1500円から2500円は、掘り出し物が多い価格帯であり、品種の多様性と個性的な香りを体験できる、個人的に大好きなゾーンです。私がこの価格帯で一番購入するのは、イタリア、スペイン、ニュージーランド、オーストラリアのものです。こちらの価格帯で手に入るドイツ、フランス・アルザスの白は、個人的には秀逸ではないかと思います。また、チリやアルゼンチンの2000円台ワイン、そして日本のワインもこの価格帯から味わい深いものが増えていきます。全国で手に入りやすい大手メーカーとなると、こちらですが、旧世界の小さな造り手も、すばらしいワインをたくさん生産しているので、ぜひネットやお店の情報を見て、選んでみてください。

おすすめメーカー／シレーニ、ペンフォールズ、モンテス・アルファ、ジェイコブス・クリーク、BIN555、AtoZ、ロバート・モンダヴィ・ウッドブリッジ、トーレス、マルケス・デ・リスカル、エラスリス、ヴィラ・マリア、オイスターベイ、シャトー・メルシャン、ココ・ファーム・ワイナリーなど。

¥4500◂¥2500

8.ハーンファミリーワインズ・メリタージュ レッドブレンド・セントラル・コースト
2682円　原産国：アメリカ
ブドウ品種：カベルネ・ソーヴィニヨン、メルロー他／ワイン蔵ONLINE

7.SW-N06
2900円　原産国：ドイツ
ブドウ品種：ヴァイスブルグンダー／シュピーレン・ヴォルケ

2500～4500円

ファインワイン

ここからはバランスよく、エレガント、かつ主張がある一本に出会えるワクワクゾーンです。オレゴン、ワシントンを含むアメリカ、オーストラリア、ニュージーランドの新世界のワインは、香り、味ともに立ち上がりもよく、個性を感じられるものが増えていきます。新世界のワインは、セラーに長期間キープすることより、開けてすぐに飲めるワインを目指した造りになっているからです。一方、旧世界のイタリア、スペイン、ドイツ（特に白）のすばらしさは、このスペースでは表現できない域に入ります。これらの違いは、長い歴史に基づくブドウ品種の独自性です。市場がカベルネ・ソーヴィニヨン、シャルドネのような主要品種を求めるからと迎合するのではなく、自分たちの風土や食文化に合う土着のワインを守り抜き、多様性を継続する骨太で大人なワインを造り続けているのです。フランスのボルドー、ブルゴーニュは、個人的にはもう少し値段を上げたほうが、香り、味、余韻などがより複雑で、バランスのとれた印象的なワインに出会える気がしています。

【買い方2】好きな国で選ぼう

1976年、ワイン業界に大事件が起きました。フランスで行われたブラインドテイスティングで、白のシャルドネ、赤のカベルネ・ソーヴィニヨン、ともに1位を獲得したのが、フランスではなくカリフォルニアワインだったのです。新世界のワインは〝農産物〟だと思われていた時代。バイヤーの新世界ワインを見る眼が一変したのは言うまでもありません（興味がある方は映画『ボトル・ドリーム』を！）。ここでは、旧世界（フランス、イタリア、スペインなど）、新世界（アメリカ、オーストラリア、ニュージーランド、南アフリカ、チリなど）のおすすめ産地をご紹介します。

〈フランス〉

だれもが最初に思い浮かべる、代表的な産出国です。ボルドー地方は、赤はカベルネ・ソーヴィニヨン、メルローといった品種を中心にブレンド。その中でも柔らかさを求めるなら、サン＝テミリオン、ポムロールがおすすめ。ブルゴーニュ地方は、ピノ・ノワールとシャルドネで有名。白はシャブリと、樽香が魅力のムルソーやモンラッシュに分類されます。ただし、シャンパーニュ地方とこちらの2地方は、ある程度お金をかけることをおすすめします。リーズナブルに選ぶなら、ロワール地方のフレッシュな辛口白、ローヌ地方のシラー（赤）とヴィオニエ（白）、アルザス地方の白がおすすめ。ラングドック・ルーション地方のグルナッシュやシラー（ともに赤）、プロヴァンス地方のロゼにもすばらしきものがたくさんあります。

〈イタリア〉

代表的な品種だけでなく、個性豊かな品種を造っているワイン大国です。以下は個人的におすすめの「この州から試すべきブドウ品種」です。表記は、「州名＝品種名、（そのワインの一般名称／ニックネームみたいなもの）」となっています。ワードを検索して、好みを探してみましょう。赤を選ぶなら／トスカーナ＝サンジョヴェーゼ（キャンティ・クラシコ）。ピエモンテ＝ネッビオーロ（バローロ＆バルバレスコ）バルベーラ、ドルチェット。カンパーニャ＝アリアニコ（タウラージ）。アブルッツォ＝モンテプルチアーノ・ダブルッツォ。プーリア＝サリーチェ・サレンティーノ、プリミティーヴォ。シチリア＝ネロ・ダーヴォラ、フラッパート。白を選ぶなら／トレンティーノ・アルト・アディジェ＝シャルドネ、ソーヴィニヨン・ブラン、ピノ・グリージョほかドイツ系品種。フリウリ・ヴェネツィア・ジューリア＝トカイ・フリウラーノ、ピノ・グリージョ。ヴェネト＝ガルガネガ（ソアヴェ）。マルケ＝ヴェルディッキオ。サルディーニャ＝ヴェルメンティーノなど。

〈スペイン〉

スペインは、実はすばらしきワイン産出国です。少しお金を出すと掘り出し物に出会えます。赤は色が濃いので、味も濃いと誤解されがちですが、実はエレガントなものが多いのが特徴。赤ワインだとリオハ地区が有名ですが、リベラ・デル・デュエロ地区やプリオラット地区もおすすめです。白はガリシア地方のリアス・バイシャス地区で作られるアルバリーニョ、そしてカスティーリャ・イ・レオン地方のルエダ地区も高い評価を得ています。そして、スパークリングワインのカヴァの質の高さは不動です。

〈ドイツ〉

北に位置しながら、すばらしきワインを生産しているのがドイツです。一方、ドイツほど不当評価を受けている国もありません。特に白ワイン。フランスのアルザス地方と同様、日本食に合うものが多く、甘口を外せば、とてもエレガントなワインに出会えます。リースリングが主体のモーゼル、ラインガウ、ナーエ地方が有名ですが、丸いボトルで、シルヴァーナー種主体のフランケン地方もおすすめ。カビネットと書かれていたら辛口、シュペトレーゼは果実味のある辛口、アウスレーゼは若干甘口となります。日本酒の純米、吟醸、大吟醸みたいなものだと覚えてみましょう。

〈アメリカ〉

新世界ワインの価値を一気に高めたのがアメリカです。アメリカの主要産地はカリフォルニア。低価格帯は果実味が特徴的ですが、３５００円を超えると、多様になっていきます。主要品種以外には、メルロー、ジンファンデル、シラーもすばらしい。全体に、フルーティーでどっしりしたタイプと、フランスを意識したワインに二分される傾向があります。ナパ・ヴァレーが有名ですが、冷涼な気候のソノマ、カーネロスはシャルドネとピノ・ノワールの名産地となっています。オレゴンはピノ・ノワール、ワシントンはシャルドネからトライしてみると、カリフォルニアとまた違って楽しいはず。

〈オーストラリア〉

スクリューキャップを使用するなど、チャレンジ精神溢れる産地です。メジャー品種はシラーズ（シラーと同じ）ですが、ほかにもすばらしい品種がたくさん。オール品種で名高いバロッサ・ヴァレー、ソーヴィニヨン・ブランで有名なマーガレット・リバー、セミヨンやシャルドネを使って上質な白を生み出すハンター・ヴァレー、シラーズやカベルネで定評あるクナワラ、ピノ・ノワール、シャルドネで名高いヤラ・ヴァレーなどから飲んでみましょう。

〈ニュージーランド〉

ニュージーランド産のソーヴィニヨン・ブランは、世界で定評があります。特にマールボロ、ホークスベイ地区。和食の甘みをさっと流すキレのある白を造っています。国土が海に囲まれ、ブドウ産地の多くが海洋性の冷涼な気候のため、赤も控えめでエレガントな味わいのものが多いのが特徴です。

〈チリ〉

日本人にとって、遠い存在であったワインを、手に届く日常酒に変えてくれたマジカル産地国です。エリアとしてはマイポ・ヴァレーが有名です。メジャー品種のみならず、ソーヴィニヨン・ブラン、ゲヴュルツトラミネールなども秀逸。ぜひ２０００円以上のワインにもトライしてみてください。

そのほかの地域で注目したいのは、まずアルゼンチン。チリ同様、高品質のワインを産み出しています。象徴的な品種は、赤のマルベック。特に有名なのはメンドーサ地区のものです。果実味と適度な酸があり、牛肉とよく合います。そして、南アフリカも温暖な気候に恵まれ、品質の高いワインを造っている国。生産の中心はウエスタン・ケープ州です。メジャー品種以外では、豊かな果実味があり、かつエレガントなピノタージュという南アフリカ独自の赤ブドウ品種が有名です。そして、日本。甲州という品種で世界の注目を集めるなど、年々進化しています。他国にはない風土と独自性で、今後が期待されています。

【買い方3】ブドウ品種で選ぼう

好みのワインを探す最もラクな近道は、「ブドウ品種を覚える」ということです。ブドウの種類は数千あるといわれていますが、その中から新世界とフランスの主要品種を中心に覚えるならば、せいぜい10種類くらいです。多品種を生産するイタリア、そのほかの産地を加えたとしても、赤白合わせて30種程度。これを覚えたら、一生ワインに困ることはないのです。私にもできた！　みなさんにもできる！

一点だけ困るのは、新世界と違い、フランスやイタリアでは、ボトルに明記してあるのが品種名ではなく、産地やワイナリーの名前である場合が多いということ。これらのワインをレストランでカッコよく頼むには「フランスのこのエリアはどの品種を主に使用しているか？（例えばサン・ジュリアンはカベルネ・ソーヴィニヨン、サンセールやプイィ・フュメなどはソーヴィニヨン・ブラン／Ｐ１４０～の一番下段を参照）」といったことや、「イタリアの州ごとの主なブドウ品種は何か？（例えばトスカーナならば少し酸味のあるサンジョヴェーゼ、シチリアなら果実味のあるネロ・ダーヴォラ）」といったことがわかっていないとできません。急ぐ必要はありません。時間をかけて飲みながら認識していくと、ワインリストを読むのがもっと楽しくなります。

白ワインのブドウ品種

〈黄金の白／シャルドネ〉

シャルドネは白の王者といわれる品種です。王者らしく、土地の違いに合わせて、寛容に育つという特徴があります。フランスのブルゴーニュ地方、イタリア北部のような冷涼な土地ではレモンの風味を感じる辛口でキレのよいブドウに、新世界を中心とした温暖な土地では、黄金色でトロピカルフルーツやはちみつの香りをまとって育ちます。そしてシャルドネの香りや味わいは、ステンレスタンク、またはオーク樽で発酵させるという2つの方法により大きく変わります。ステンレス発酵されたものはすっきり系に、オーク樽発酵されたものはバニラ香やナッツのような香りや味が加わります。さらに新しい樽、古い樽で香りも違ってきます。色はほかの品種よりも黄色に転ぶ傾向があり、飲む温度は、ほかの辛口系白ワインより高いほうが、香り立ちます。新世界のシャルドネでも、ブルゴーニュの造り方に近づけて、料理に合わせやすい控えめでエレガントな存在を目指すワイナリーも増えています。醸造家によって、これほど色をつけられる品種はなく、力の見せどころだといわれています。

〈さわやかな白／ソーヴィニヨン・ブラン〉

りんごやレモン、青い葉っぱの香りのする、さわやかな味を生み出す品種です。多くの場合がステンレス発酵ですが、オーク樽を使ったり、ほかの品種とブレンドされたりすると、もっとフルーティーで複雑な味に変化したりもします。北イタリア、そしてニュージーランド産は、辛口で複雑でおもしろみがあります。一方、フランスのロワール地方、そしてセミヨンなどとブレンドするボルドー地方や新世界には、果実味のある一本に出会うことができます。色はより透明に近い黄色で、飲むときはきちんと冷やしていただくのがおすすめです。

〈優美なる白／リースリング〉

リースリング＝甘いという誤解をされたがため、あまり飲まれなくなった品種ですが、カビネットまたはシュペトレーゼという表示を選んで買えば、食事にとても合う、優美で上品なワインに出会えます。ドイツ品種ではありますが、フランスのアルザス、イタリア、オーストラリア、ニュージーランド産もすばらしく、りんごや桃、洋梨のような香りを感じるものから、柑橘類やハーブを感じるすっきりしたものまで、さまざまな幅があります。お寿司や和食にも合う品種なのに、レストランに置かれていることが少ないので、個人的にはこれから注目されることを期待しています。

〈千差万別の白／イタリア品種他〉

イタリアの白にはさまざまな品種があるのですが、主要なものとなると、だいたい以下に絞られます。エレガントなものをお求めならば、北部がおすすめ。酸味と果実味のバランスがすばらしいピノ・グリージョや、華やかなフリウラーノ、リースリングやシャルドネをぜひ。魚介類に合わせる辛口さっぱり系ならば、ソアヴェという名称で語られるガルガネガを。フルーティーなヴェルディッキオ、アブルッツォで生産されるモスカート・ダスティ、そのほか多くの州で生産されるトレッビアーノ、マルヴァジーア、ヴェルメンティーノなどもおすすめです。イタリアワインは何よりも料理とのバランスが秀逸。１０００円台から複雑で味わい深い品種のワインを選べます。

〈フランス、ドイツ、スペイン品種その他〉

フランスでは前述の主要品種のほか、ふくよかさを出してくれるセミヨン、クリーミーで華やかなヴィオニエ、ブドウらしい香りのミュスカ、ライチのような香りがするゲヴュルツトラミネールが造られています。ドイツはエレガントで力強いシルヴァーナーに特色があり、スペインでは繊細で、かつ華やかなアルバリーニョが特におすすめしたい品種です。

〈日本の白／甲州〉

日本固有の品種。ワイン醸造用のブドウ品種として、世界的にも認められているもの。ほのかな香りとフレッシュ感が、やさしい味わいの日本食にも合うとされています。この数年で、格段の進化を遂げたとされる品種です。

赤ワインのブドウ品種

〈威厳の赤／カベルネ・ソーヴィニヨン〉

世界中で生産されている赤の王様的ブドウ品種です。適度なタンニンがあり、香りも華やか。濃いベリー系、土、タバコの香りなどが特徴です。フランスはボルドー地方のメドックが有名ですが、世界中、ほぼすべての産地国で造られています。イタリア、トスカーナのボルゲリ地区（スーパータスカン）、スペインのリベラ・デル・デュエロ地区では地元の品種とブレンドされて、高級ワインを生み出します。ちなみに、５０００円までの価格帯で、コルクを抜いてすぐに楽しみたいならば、個人的にはカリフォルニアのナパ・ヴァレーをおすすめします。昨今のカリフォルニアワインは、果実味もタンニンも以前より控えめでエレガント。すばらしき一本に出会うことができます。ボルドー、それからイタリアのカベルネを楽しむときは、時間をじっくりかけ、花開かせることをおすすめします。

〈優しさの赤／メルロー〉

カベルネ・ソーヴィニヨンほど強い香りや渋みといった主張がなく、また、カベルネとのブレンドパートナーのような存在と思われがちですが、メルローの比率が多いと、柔らかさ、ふくよかさ、舌すべりのなめらかさが引き立ち、個人的には大好きな品種です。ボルドーではサン＝テミリオンやポムロールが主要産地となります。カリフォルニアやオーストラリア、チリでもすばらしいものを造っています。ぜひいろんな国のメルローを試してみてください。

〈香りの赤／ピノ・ノワール〉

カベルネが王様ならば、ピノ・ノワールは女王様。タンニンは少なく口当たりはシルキー、色は透明感のある褐色に近いルビー色。香りも味も繊細でエレガントな、それでいて存在感の強い品種です。私も含め、多くのワイン好きが、さまざまな品種をトライしたあとに行き着くともいわれています。ブドウ自体は皮が薄く、冷涼なエリアでないと成功しないという、醸造家泣かせの品種だそうです。それでも多くの人がチャレンジするのは、やはりこの華やかな香りが記憶に残るからでしょうか。フランスではブルゴーニュが最も有名な生産地ですが、最高のピノを味わおうと思ったら、それなりのお金をかけなくてはならず、花開くまでに時間もかかります。どこかのレストランに行って、「すぐに」飲むのならば、カリフォルニア、オレゴン、ニュージーランド、オーストラリアなどのピノ・ノワールはおすすめです。ただ、新世界の場合「カリ・ピノ」（カリフォルニア・ピノ）と呼ばれるタイプのように、色も濃く果実味たっぷりな色の濃いピノ・ノワールの場合もあるので、褐色のエレガントなブルゴーニュタイプがお好みなら、そのことをはっきり伝えることが大切です。

〈エキゾチックな赤／シラー、シラーズ〉

シラーまたはシラーズと呼ばれる品種は、フランスのローヌ地方、オーストラリア、南アフリカ、そして新世界でも多く造られている品種です。色は濃く、スパイシーで、果実味溢れるエキゾチックな味がします。一般的にはそのスパイシーさから、力強く野生的な品種と思われがちです。他の品種より、低価格でも上質なものに出会うことができるので、覚えておきたい品種です。

〈フレンドリーな赤／ジンファンデル〉

アメリカ固有の品種といわれていますが、イタリアのプーリア州などではプリミティーヴォと呼ばれ、よく飲まれる品種の一つです。色は黒っぽいのですが、口に含むと、ほどよい果実味とタンニンのバランスがよく、なめらかな舌すべりが特徴です。脂肪の少ない赤身肉のアメリカンステーキによく合います。フレンドリーな味わいは、女性の方にも好まれる品種です。

〈エネルギッシュな赤／イタリア品種他〉

イタリアには、より個性的でエネルギッシュな品種がたくさんあります。サンジョヴェーゼはトスカーナを主要産地とする品種で、良質なものはカベルネとピノ・ノワールのいいとこ取りのようなすばらしさがあります。ネッビオーロは北イタリアで栽培され、バローロやバルバレスコといった重厚なワインを生み出します。ピノ・ノワール同様に育てるのが難しいとされ、色は濃いのですがエレガントに香り、適度な酸を持ちます。バルバレスコのほうがやさしい味わいで、バローロは力強さを感じます。同じ値段なら、私はバルバレスコを選びます。ドルチェットも北イタリアの品種で、色は濃く、タンニンもほどほどにあるけれど、果実味も適度にあるもの。バルベーラはもう少しタンニンが少ない品種です。南部ではアリアニコという品種も有名で、カンパーニャのタウラージ地区で上質なワインを生み出しています。色は濃く、香り、タンニンともに濃いめで力強いワインです。シチリアにはネロ・ダーヴォラという、色は濃いけれどタンニンは少なく、華やかな香りの品種が主流としてありますが、もうひとつ、果実味が華やかで女性受けするフラッパートという品種もおすすめです。

そのほか、リーズナブルに楽しめる品種としては、南部で造られるモンテプルチアーノ・ダブルッツォ、サリーチェ・サレンティーノ、プリミティーヴォなどが挙げられます。

〈深く優しい赤／テンプラニーリョ〉

スペインのリオハ地方やナバーラ地区を主要産地とする品種。色は濃く、渋みがしっかりあるのかな？　と思わせるけれども、実はそうではない。舌ざわりはピノ・ノワールのように、シルキーで品のある優しい赤です。プラムやイチゴの香りに加え、チョコレートのような香りがするものもあり、高品質なものをリーズナブルに生み出しています。リベラ・デル・デュエロ地区では、ティント・フィノと名前を変えますが、基本的には同じ品種。主にグルナッシュとブレンドされますが、有名メーカーになるとカベルネやメルローともブレンドし、高級ワインを生み出しています。

〈フランス、スペイン品種その他〉

フランス南部とスペインで主に生産されている、スパイシーながら飲みやすいグルナッシュ（ガルナッチャ）は、リーズナブルな価格でワインを生み出しています。良質なものはレーズンやチョコレートのよう。すばらしきロゼも生み出す品種です。

PART 3

おいしいワインを コンビニ、スーパー、 ワイン専門店で見つけて 料理してみよう

安かろう、まあまあだろうと思っていたコンビニのワインコーナーも、よく見ると進化している！　手に届きやすい価格ながら品種を揃えているスーパーや、ちょっと贅沢したいときのワイン専門店なども活用できたらもっと楽しい。※なお、こちらで掲載しているワインは、私とソムリエの越智氏（P135）が、すべてテイスティングして「値段と見合っているか？」という観点でセレクトしました。

コンビニで買おう。おつまみを作ろう

気楽にワインを「始めてみる」には、コンビニはとても便利です。大切なことは、「ワインを多く入れているか、ワインの回転率がよさそうなコンビニを見つける」ということです。これは近所のコンビニをいくつか歩いて観察してみるしかありません。ワインを多く置いているところは、おつまみも隣に置いてある可能性が高く、深夜でも、急に友人が遊びにきても便利です。

いろいろなワインがありますが、気楽に１０００円以下で選ぶならば、圧倒的にチリワインがおすすめです。次に南アフリカやアルゼンチン、そしてスペイン、イタリアとなります。スパークリングワインならば、スペイン、オーストラリアをぜひ。赤よりは白、あるいはロゼのほうが、同じ１０００円以下ならば質がよく、フランスならばボルドーより南のラングドック・ルーション地方がリーズナブルでおすすめです。ブドウ品種でいうと、白はシャルドネ、赤はカベルネ・ソーヴィニヨン、メルローが安定しています。カベルネのほうがメジャーな品種なので置いてあることが多いのですが、もし両方あるときは、個人的にはメルローを選びます。舌に柔らかく、飲みやすい口当たりだからです。コンビニによく入っているワインブランドは、Ｐ40～をご参照ください。こちらのブランドをメモしてコンビニに行ってみてください。きっと何かは見つかります。

それぞれのコンビニは独自の選び方、ルートがあるのですが、「セイコーマート」（主に北海道が中心。茨城、埼玉にも店舗あり）のバイヤーさんがワインに力を入れていることは間違いなく、選び方に職人芸を感じます。Ｇ７などのワンコインワインはオリジナル。この値段で売っていること自体、世界レベルで驚かれることだと思います。

　コンビニワインが充実してきたとともに、コンビニ食材も充実してきました。「ワインに合う料理を気楽に作ってみたいな」と思い立ったら、コンビニには必要なものすべてが揃っています。また、売ってあるお惣菜や揚げ物にしても、値段には見合ったレベルです。これからは「面倒だからコンビニに」から、「〝きちんとおいしい〟を買いに、コンビニに行こう」と思える時代です。最近は、スーパーの食材をコンビニでもピックアップできます。働くママでも、保育園帰りにベビーカーを押しながらワインを買って、メールオーダーしておいた食材で料理ができるのです。

　さて、コンビニ食材で作るメニューですが、こちらでご紹介しているもの以外にも、唐揚げの大根おろしがけ、トマトと青じそのサラダ、蟹缶のパスタ、オイルサーディーンのトースター焼き、さけ缶のチーズ焼き、ちくわとピーマンのオリーブオイル炒め、チーズオムレツ、カマンベールのフライ、アボカドのわさびマヨネーズ揚げ、チーズハムグリルサンド、半熟卵の塩オリーブオイルがけ……など、作れるものは無限です。テクテク歩いて、コンビニにワインと食材を買いに行こう！

•コンビニワイン•
おすすめリスト

コスパ大のワインを揃えるために、コンビニ各社がしのぎを削る時代。〝コンビニワイン＝低クオリティ〟という概念を覆す、５００円から満足できるラインナップはこちら。

ジーセブン・シャルドネ

463円
原産国：チリ
ブドウ品種：シャルドネ
／セイコーマート

「凝縮感のある果実味と華やかな香りがすばらしく、新橋のレストランでも出したいほど。それでいて463円というコスパのよさは、思わず『オーマイゴッド！』と叫びたくなっちゃいます（笑）。ぜひ！」

ファミコレ
カフェ・デュ・ミディ 白

ロダニエンヌ社
800円
原産国：フランス
ブドウ品種：シャルドネ
／ファミリーマート

「南国のフルーツのような、トロピカルなニュアンスがふんわり香る。シャルドネの中ではさっぱりしていて飲みやすいほうなので、ワイン初心者にもおすすめ。和食や中華との相性もバッチリ！」

ジェイコブス・クリーク リザーブ シャルドネ

2013年
ジェイコブス・クリーク
1600円
原産国：オーストラリア
ブドウ品種：シャルドネ
／ナチュラルローソン

「コクも旨みも感じられ、シャルドネを飲んだという満足感が得られます。けれど、しつこさは皆無。オイル系のパスタやフライなど、少々こってりした料理をさっぱり食べたいときのアシスト役に適任」

シャブリ（白）

1482円
原産国：フランス
ブドウ品種：シャルドネ
／セイコーマート

「りんごやレモンなどの爽やかな香りと豊富なミネラル感が特徴。魚介類を使ったさっぱり系の料理とよく合います。鍋料理やホイル焼きなどの熱々料理をよく冷やしたこのワインでクールダウンしたい」

コノスル オーガニック シャルドネ

ヴィーニャ・コノスル
1200円
原産国：チリ
ブドウ品種：シャルドネ
／ナチュラルローソン

「柑橘系の酸味が伸びやかで、ハーブが心地よく広がります。よく冷やして、毎日の食事と楽しむようなデイリー使いに最適。鶏肉料理との相性がとてもよく、焼き鳥や板わさのような和食ともマッチします」

**サンライズ
カベルネ・ソーヴィニヨン**

2012年
コンチャ・イ・トロ
998円
原産国：チリ
ブドウ品種：カベルネ・ソーヴィニヨン
／ポプラ

「チリの歴史あるワイナリー、コンチャ・イ・トロが手がけているだけあり、安定感抜群。カシスなどの果実味が楽しめ、全体のバランスも取れています。ワイン通も満足でき、かつビギナーでも飲みやすい味」

**KWV
クラシック・コレクション
カベルネ・ソーヴィニヨン**

KWV
1219円
原産国：南アフリカ
ブドウ品種：カベルネ・ソーヴィニヨン
／ナチュラルローソン

「ラズベリーの香りが広がり、口の中にほのかな甘みが心地よく残ります。ハンバーグやしょうが焼きと一緒に飲めば、定番の肉料理がぐっと格上げされるはず。飲む直前に軽く冷やして、夕飯のお供にぜひ」

**ジーセブン・
グランレゼルバ・
カベルネ・ソーヴィニヨン**

1186円
原産国：チリ
ブドウ品種：カベルネ・ソーヴィニヨン
／セイコーマート

「熟れたブラックベリーの香りと胡椒のようなスパイシーさを感じます。タンニンがしっかりした味わいは、脂ののった肉料理を引き立ててくれそう。飲む1時間前に開けておけば、おいしさがアップ！」

ランブルスコ・セラ・ロッソ（赤）

462円
原産国：イタリア
ブドウ品種：ランブルスコ
／セイコーマート

「味のレベルで考えると目を疑うような価格。よく冷やすと、ハンバーグや肉団子など、甘みのある肉料理もさっぱり食べられる味わい。生ハムをつまみながら、ソフトドリンク感覚でもゴクゴク飲めそう」

トッレオリア・カヴァ・ブリュット（白）

741円
原産国：スペイン
ブドウ品種：マカベオ
／セイコーマート

「このレベルでこの値段！ふくよかな泡が舌の上に残る感じが非常においしいカヴァ。エレガントな香りが際立ち、アルコール感がやわらぐ印象があるので、お酒が苦手な来客時にも最適です」

タラパカ スパークリング ブリュット

ビニャ・タラパカ
1314円
原産国：チリ
ブドウ品種：シャルドネ、ピノ・ノワール
／ナチュラルローソン

「洋なしが発酵したような香りと、爽やかな酸味があるスキッとした辛口。泡の発泡感も繊細で、この値段はお値打ち。グリルした肉料理に負けない存在感があるので、バーベキューや焼き鳥に添えても」

●コンビニ食材で●

サッとつまみ

コンビニ料理で大切なことは、「手間をかけないこと」です。のせるだけ、焼くだけ、切るだけ……など、シンプルな調理法でもっと気軽にワインを楽しんでみましょう。

バターはワインにぴったりです。はい。入手困難な昨今ではありますが、意外とコンビニには置いてあります。もしうにの瓶詰などがあれば、そちらもぜひお試しを。明太子、オイルサーディーンは白が合いますが、半熟燻製卵は赤もおいしい。

バターカナッペ

材料（6個分）

食パン（8枚切り）……………… 1 ½枚
バター……………… 20g
半熟燻製卵（または半熟卵）……………… 1個
オイルサーディーン……………… 4本
グリーンオリーブのみじん切り……………… 2個分
明太子……………… ¼腹
パセリのみじん切り……………… 少々
オリーブオイル……………… 適宜

1 パンは耳を切り落とし、1枚を4等分に切る。フライパンを弱火で熱し、そのままパンの両面がこんがりするまで焼く。
2 バターは6等分して、パンにのせる。半分に切った卵、オイルサーディーンとグリーンオリーブ、明太子とパセリをそれぞれのせる。最後にオリーブオイルをお好みでかけて食べる。

カマンベールのココット焼き

材料（直径約10㎝の容器１個分）

カマンベールチーズ……適量
オリーブオイル……大さじ１
はちみつ……大さじ２
塩……１つまみ
こしょう……少々
薄切りの食パン……適量

1 小さい厚手鍋（ル・クルーゼやストウブなど）、またはココットにクッキングシートを敷く（こうすることで、チーズが鍋底にくっつかない）。カマンベールチーズを入れ、オリーブオイルをかける。
2 蓋をして、ごくごく弱火で、チーズがとろっとするまで火を入れる。
3 最後にはちみつ、塩、こしょうをかけ、トーストした食パンといただく。

カマンベールチーズをただ温めるだけで、こんなおしゃれなごちそうになります。丸ごとでも、カットしても。こんな小さいサイズの厚手鍋をひとつ持っていると、料理ワールドが広がりますよ！　白ワイン、そして赤ワイン、両方に合います。

庶民の味方、キャベツ。野菜の品揃えが少ないコンビニでも、キャベツはたいていあります。これを少し調理するだけでワインにぴったりのつまみになります。白ワインもいいけれど、軽めの赤もとても合う。ピノ・ノワールやシラーなどもおすすめです。

ベーコンのザワークラウト風

材料（２人分）

キャベツ……¼個
ベーコン……１枚
塩……小さじ¼
すし酢……大さじ１
酢……大さじ１
粒マスタード……小さじ½
黒こしょう……少々
マスタード……適宜

1 キャベツは千切りにして（そんなに細くしなくてもよい）鍋に入れる。塩を加えて全体をよくもんだら、すし酢と酢、粒マスタードを加えて混ぜる。
2 １の上に一口大に切ったベーコンをのせ、弱火で８分ほど蒸したらでき上がり。器に盛りつけ、黒こしょうをふる。お好みでマスタードを添える。

２ステップカツ

材料（２人分）

スライスハム……６枚
なす……１本
塩……小さじ⅓
天ぷら粉……カップ½
水……カップ½
パン粉……カップ１
揚げ油……カップ１
中濃ソース、レモン……各適量

1 なすはへたを除いて縦に６等分し、塩をしておく。
2 ボウルに天ぷら粉と水を入れて混ぜる。ここに３枚ずつ重ねたハム、なすをくぐらせてから、パン粉をつける。
3 深めのフライパンなどに油を入れ、中温（170度前後）に温める。ハムとなすを入れて、じっくり揚げる。ソースやレモンとどうぞ。

卵にくぐらせて作るフライはなんとなく面倒ですが、こうしてステップをひとつ減らすだけで、簡単に作ることができます！　スパークリングやキリッと冷やしたソーヴィニヨン・ブラン、軽く冷やしたピノ・ノワールなどもおすすめ。

冷蔵庫に冷やしておいた、リーズナブルなスペインのカヴァと合うつまみはないかしら？　と思い立って作ったもの。いやあ。こんな簡単に作れるのに、意外といけました。スッキリ系の白も合うし、ほんのり冷やした赤にもいいですよ。

長ねぎチーズ揚げピザ／のりチーズ揚げピザ

材料（４人分）

油揚げ……２枚
とけるタイプのチーズ……カップ½
長ねぎのみじん切り……５㎝分
チリペッパー、のり、練りわさび……各適量

1 油揚げは、１枚にねぎをのせ、もう１枚にちぎったのりとわさびをところどころにのせる。
2 １の上にチーズをのせ、オーブントースターで６～７分、チーズがとけるまで焼く。ねぎとチーズのほうにチリペッパーをふる。

ビタミン補給ピクルス

材料（**1瓶／約500㎖分**）

大根……10㎝
きゅうり……1本
にんじん……1本
合わせ調味料
　すし酢……カップ⅔
　酢……カップ⅔
　砂糖……大さじ3
　塩……小さじ1½

1 にんじん、大根は皮をむいて1㎝幅に切り、10㎝ほどの棒状にする。きゅうりも同じような大きさに切る。
2 鍋に合わせ調味料と1を入れる。沸騰したら1分ほど弱火で火を通す。冷めたら瓶に入れ、冷蔵庫で保存する。1週間はもちます。

コンビニの野菜でピクルスを作っておくと、野菜を補給したいときにとても便利。材料はこれ以外にトマトでもキャベツでも。お酒を飲む前、野菜を胃袋に入れておくといいと言いますよ！　これからは、ワインの前にまずピクルスはいかが？

ソフトいかはそのままでもおいしいのですが、こうしてレモンと合わせると、身がしっとりして、さらに大根のしゃきっと感とフュージョンして、すてきなワインのつまみになるんです。ソーヴィニヨン・ブランやシャルドネ、スパークリングなども合いますねぇ。

ソフトいかと大根のレモン和え

材料（**2人分**）

大根……5㎝
塩……小さじ⅓
ソフトいか……1袋（約30g）
レモンの絞り汁……½個分
レモンの皮の千切り……¼個分
オリーブオイル……大さじ1
パセリのみじん切り……適宜

1 大根は皮をむき、縦2等分にし、薄めの半月切りにする。塩をふって全体をもんで、1分ほどおいてからぎゅっと絞り、水けをきる。
2 ボウルに1、ほぐしたソフトいか、レモン汁、レモンの皮、オリーブオイルを加える。お好みでパセリを加え、全体をよく和える。

じゃがいもと缶詰のグラタン

さけ缶、ツナ缶、いわし缶、なんでも作れます。ホワイトソースを作らなきゃ！　という手間いらずで、ほんのすこしとろみをつけたゆるいソースで仕上げます。ソーヴィニヨン・ブランやシャルドネ、そして辛口のリースリングにもぴったり。

材料（２人分）

じゃがいも	２個
魚の水煮缶	１缶（約90g）
バターまたはオリーブオイル	大さじ１
ねぎのみじん切り	10㎝分
薄力粉	大さじ２
牛乳	カップ⅔
塩	小さじ½
砂糖	小さじ½
チリパウダー	小さじ¼
とけるタイプのチーズ	カップ½
パセリのみじん切り	適量

1 じゃがいもは皮をむいて、５㎜ほどの薄切りにする。ラップにくるんで、３分ほど電子レンジで加熱する。

2 フライパンにバターまたはオリーブオイルを入れ、薄力粉、チリパウダーを加えて弱火で１分ほど炒める。ここにねぎを加えて30秒ほど炒める。牛乳、塩、砂糖を加えて中火で１分加熱し、少しだけとろみをつける。最後に魚の水煮を汁けをきって加えて、少し温める。

3 耐熱容器に１を入れて２をかけ、チーズをのせて200度のオーブンで10〜12分焼く。仕上げにパセリを散らす。

にんじんとツナ缶のソテー

材料（２人分）

にんじん……………………………１本
ツナ缶……………………１缶（約70g）
卵……………………………………１個
塩………………………………小さじ⅓
オリーブオイル……………大さじ１
パセリのみじん切り……………適宜

1 にんじんはグレーダーでおろす。ボウルに卵を割り入れ、塩を加えてよく混ぜる。
2 フライパンを中火で熱し、オリーブオイルを入れる。ほぐしたツナとにんじんを加えて１分ほど炒める。
3 **2**に卵を加え、全体をフライ返しで20秒ほど炒める。お好みでパセリを散らす。

にんじんをすりおろした沖縄料理"しりしり"にツナを入れ、オリーブオイルで作ってみたところ、これはいける！　となった一品。ソーヴィニヨン・ブランやシャルドネ、ロゼにスパークリング……。白とロゼなら何でも合います。

じゃがいものフリット

材料（４人分）

じゃがいも……………………………２個
オリーブオイル………………カップ¼
塩…………………………………小さじ½
パセリのみじん切り……………適宜

1 じゃがいもは皮をむいて７㎜ほどの厚さに切ってラップにくるみ、電子レンジで２分ほど固めに加熱する。
2 フライパンにオリーブオイルを入れて、中火で熱する。じゃがいもを入れ、カリッと揚げる。全体に塩をふり、お好みでパセリを散らす。

こちらはどんなワインにも合う基本のフリット。ローズマリーやセージなどのハーブと一緒に揚げても、じゃがいもに風味がついておいしい。パルメザンチーズをたっぷりかけてもいいですよ。いもの種類はメークインがおすすめです。

コーンビーフのホットサンド

コンビニで手軽に買える食パン。そのままよりもグリルサンドイッチにしたら、カリッ、ムチッとしてもっとおいしくなります。コーンビーフとアボカドのコンビは白ワインと相性抜群。挟むものは、そのときおうちにある食材でアレンジを。

材料（２人分）

食パン（６枚切り）	２枚
コーンビーフ缶	１缶
アボカド	⅓個
マヨネーズ	大さじ２
マスタード	小さじ１
ゆずごしょう	小さじ½
こしょう	たっぷり
スライスチーズ	１枚
グリーンオリーブ	適宜

1 ボウルにコーンビーフ、マヨネーズ、粗くつぶしたアボカド、ゆずごしょう、こしょうを入れて混ぜる（全体に軽く混ざればよい）。

2 パンにマスタードを塗る。片方のパンにチーズをのせてから１をのせ、もう１枚のパンで挟む。

3 フライパンを中火で熱し（油は入れなくてよい）、２を両面、こんがりするまで焼く。４等分に切り、お好みでオリーブを添える。

枝豆と干し貝柱のパエリア風

実は枝豆、コンビニの冷凍庫でよく見かけます。そして、いいだし素材の干し貝柱も、おつまみコーナーで必ず見かけます。この「よくあるある」チームを合体させたら、見た目も立派なパエリアができ上がりました。白ワインが進む一品です。

材料（４人分）

冷凍枝豆	カップ½（さやから出して）
干し貝柱	３個
玉ねぎの薄切り	½個分
オリーブオイル	大さじ３
にんにくの薄切り	１かけ分
カレー粉	大さじ１
米	２合（洗わない）
ビールまたは白ワイン	カップ１
塩	小さじ１
コンソメスープの素	１個
プチトマト	４個

1 干し貝柱はマグカップに入れ、カップ１の水（分量外）を加えて、電子レンジで１分30秒加熱する。

2 厚手の鍋にオリーブオイルを入れ、玉ねぎとにんにくを炒める。ここに米を加え、炒めながらよく混ぜる。最後にカレー粉を加えて、全体をなじませる。

3 ２に枝豆（凍ったままでＯＫ）、１の干し貝柱ともどし汁に水を加えてカップ１にしたもの、ビール、塩、コンソメスープの素を加えて、全体が沸騰するまで強火で、そこからは弱火にして、15分ほど炊く。火を止めて３分ほど蒸らす。仕上げにプチトマトを¼に切ったものを散らす。

オイルサーディーンパスタ

オイルサーディーンの缶詰は常備しておくと使える食材。コンビニでもよく売っています。食事の締めに、と言いながらさらに飲んでしまいそうなこちらは、さっぱり系の白ワインにぴったり。ソーヴィニヨン・ブランや、イタリアの白とぜひ。

材料（２人分）

オイルサーディーン缶	½缶
パスタ（ここではスパゲッティ）	160g
青じその千切り	５枚分
にんにく	１～２かけ
オリーブオイル	大さじ１
鶏がらスープの素（顆粒）	小さじ½
パスタのゆで汁	大さじ２
オリーブオイル	大さじ１
チリペッパー	適宜
唐辛子（お好みで）	½～１本

1 パスタは塩（分量外）を入れたお湯でゆでる（２ℓのお湯に塩大さじ２が目安）。袋の表示より１分ほど短く、固めにゆでる。

2 フライパンにオリーブオイルと皮を取ったにんにくを入れ、中火でさっと炒めたらオイルサーディーンを加え、さらに炒める。鶏がらスープの素（お好みで唐辛子のみじん切り）、そしてパスタのゆで汁を加える。

3 2のソースとパスタをさっと和えたら、青じそとエクストラバージンオリーブオイルを加えて全体を混ぜる。お好みでチリペッパーをふる。

スーパーで品種を知ろう。ひと皿ゴハンを作ろう

スーパーのワインセクションに移動してみましょう。コンビニと違って、ここでは売っている国の数が変化します。まず、チリ以外のおすすめ国が広がります（笑）。国が広がるということはブドウ品種の種類も広がるということ。メジャーな品種（Ｐ29～）に加え、白ならばゲヴュルツトラミネール、ピノ・グリ（ピノ・グリージョ）、ヴィオニエ、赤ならばグルナッシュ、サンジョヴェーゼ、テンプラニーリョといった、コンビニでは見かけない品種が見られます。スーパーでは、１０００～３０００円台をメインにワインがセレクトされているため、選べる幅もコンビニより格段に増えます。個性があり、クオリティの高いワインを見つけることが可能になるということです。音楽に例えると、ｉ-Ｐｏｄとイヤホンで楽しんでいる状態がコンビニだとするならば、良質のステレオとミニコンポで、音楽との深い付き合いが始まるのがスーパー、という感じです。何事もそうですが、何かに興味を持って好きになり、いろいろなことを知って幅が広がっていくときが実は一番楽しい。ワインや食事、音楽には連続した「学び」が必要であるため、その展開を可能にしてくれるスーパーのような存在はとても大切です。

もしこの本の読者にスーパーにお勧めの方がいらしたら、ぜひお願いしたいことがあります。週末

に、安いワインで十分なので、品種違いの試飲会を開いてください。お客様がワインに興味を持ち、品種の違いに気がつき始めると、深みにはまっていきます。そうなると、食べ物にも興味を持ってくださる。ほろ酔い気分なら、財布の紐もゆるむかも（笑）。ワインは酒類の中で、確実に売り上げを伸ばしているジャンルです。活用できる商材であることは間違いありません！　一方、スーパー勤務でない読者のみなさんは、ワインが好きな友人と会費を集め、「今日は同じブランドの違う品種にトライしよう」「今日はスペインワインの泡、白、赤で固めよう」などと計画を立ててみましょう。メニューを決め、材料リストを作り、みんなでスーパーに集合して食材とワインを買ってください。音楽をかけて、料理を作りながら飲む。飲みながら作る。これ以上楽しいエンターテイメントはありません。ちなみに、スペインのバスク地方などには、男性だけで集まり、料理を作ってワインと楽しむ「美食クラブ」というものがあるのだそう（女性が入ると、問題が発生するのでしょうかねぇ。歴史あるトライ＆エラーの結果、このシステムは生み出されたのかな）。日本にも美食クラブが広がれば、定年後の生活にもメリハリが生まれ、元気なワイン人生を送る人が増えることでしょう。こちらでご紹介する料理は、リーズナブルな値段の食材で、野菜も同時に摂れるひと皿メニューです。初めて料理をするならば、こうしたワンプレート料理で十分。スーパーに行ってワインを買って、まずはひと皿から作ってみましょう。

●スーパーワイン●
おすすめリスト

スーパーのワイン売場が本格化！　ワインの資格を持ったバイヤーが増え、独自の輸入ルートを発掘してそこでのみ買えるブランドを揃えるなど、個性が光るセレクトに注目。

ネブラ

ヴィセンテ・ガンディア
1180円
原産国：スペイン
ブドウ品種：ヴェルデホ
／イオン

「ほんのりと甘い背後に複雑な苦みがあり、トータルバランスはさっぱり。その単純ではない面白い味わいは、ワイン好きに注目されそう。普段なら日本酒を合わせるような料理ともマリアージュしたい」

アズダ エクストラ・スペシャル ヴィオニエ

780円
原産国：フランス
ブドウ品種：ヴィオニエ
／西友

「白い花を感じるふくよかな香りが上品に立ち上ります。同ブランドのシャルドネは大人っぽい苦みが魅力だけど、それよりやさしく飲みやすい。サーモン料理に合わせると、相乗効果でおいしさが倍に」

ジェイコブス・クリーク「わ」

ジェイコブス・クリーク
1505円
原産国：オーストラリア
ブドウ品種：シャルドネ、
ピノ・グリージョ
／サミット

「寿司職人が手掛けた和食のためのワインというだけあり、単体より料理と味わうと、おいしさが増します。お出汁や醤油、柚子胡椒、たたきや燻したものなど、〝和〟の要素が強い料理との調和はお見事」

ドメーヌ・ラファージュ コテ・エスト ブラン

ドメーヌ・ラファージュ
1280円
原産国：フランス
ブドウ品種：グルナッシュブラン、
シャルドネ他
／イオン

「喉を通るときに、グレープフルーツと白い花の香りが鼻からスーッと抜けていくようなエレガントさが魅力。雑味のない品のいい味は、刺身やしらすを使ったパスタなど、素材を活かした料理と好相性」

トゥキトゥキ ソーヴィニヨン・ブラン

1280円
原産国：ニュージーランド
ブドウ品種：ソーヴィニヨン・ブラン
／西友

「バターの風味を感じるコク深い印象に、杏仁の香りが加わる芳醇さがすばらしい。この価格が信じられないほどの旨みは、いろいろなシーンで楽しめる一本。柑橘類を添えた焼き魚と共に飲んでみて」

アルベール・ビショー シャブリ ラ・キュヴェ・デパキ

アルベール・ビショー
2665円
原産国：フランス
ブドウ品種：シャルドネ
／サミット

「あんずやアプリコットを思わせる香りが漂う、シャープな辛口。シャブリとしては、個性が際立っているタイプ。"ひと味違った一本をゆったり堪能したい"、そんな発想でメニューを考えるのも楽しそう」

エミーナ ヴェルデホ カルロス モロ パーソナル セレクション

2588円
原産国：スペイン
ブドウ品種：ヴェルデホ
／コストコ

「スペインならではの品種で作られていて、シェリー酒のような力強さも感じられます。ワイン単体でも楽しめるし、桃のコンポートなど、デザートに添えて食事の締めに満喫するという飲み方もおすすめ」

マル・デ・フラデス

マル・デ・フラデス
1980円
原産国：スペイン
ブドウ品種：アルバリーニョ
／イオン

「レモンやハーブを思わせる爽やかな香りとピーマンのような苦み、塩を感じるミネラル感が心地よく共存しています。衣にフレッシュハーブを混ぜた魚介類のフライにレモンをかければ、最高の相性」

ロバート・モンダヴィ プライベート・セレクション カベルネ・ソーヴィニヨン

ロバート・モンダヴィ
1448円　原産国：アメリカ
ブドウ品種：カベルネ・ソーヴィニヨン、シラー
／コストコ

「有名なワイナリーというだけあり、安定感はさすが。カリフォルニアのカベルネが持つ香りや渋み、酸味など、個性が見事に発揮。サーロインステーキやローストポーク、ミートローフなどの肉料理と」

アズダ エクストラ・スペシャル フェアトレード ピノタージュ

780円
原産国：南アフリカ
ブドウ品種：ピノタージュ
／西友

「衝撃のコスパ！　ピノ・ノワールとグルナッシュのいいとこ取りをしたような果実味とほんのりした甘みがあり、おいしく飲みやすい。角煮やサムギョプサルなど、味がしっかりした豚肉料理と相性抜群」

アズダ エクストラ・スペシャル リオハ レゼルバ

780円
原産国：スペイン
ブドウ品種：テンプラニーリョ他
／西友

「ブラックベリーやカシスがギュッと濃縮したような強い果実味とほどよい渋み。その複雑さを味わいたい。牛やラムのステーキといただくと、お互いのよさが一層引き出されること間違いなし！」

アズダ
エクストラ・スペシャル
バローロ

1980円
原産国：イタリア
ブドウ品種：ネッビオーロ
／西友

「ピノ・ノワールっぽい雰囲気があり、〝ピノファン〟にも満足してもらえそうな一本。酸味と渋みの調和が取れていて、開けた瞬間からおいしいというのも嬉しい。チキンやサーモンのハーブ焼きとぜひ」

ハッピー・キャニオン・
カベルネ・メルロー

ハッピー・キャニオン・ヴィンヤード
1980円　原産国：アメリカ
ブドウ品種：
カベルネ・ソーヴィニヨン、
メルロー他
／イオン

「赤い果実とバラの香りがパッと広がる可憐さは、女性好み。タンニンが少なく初心者でも飲みやすいので、女子会で気軽に楽しみたいときに用意してみては。料理は、相性のいい子羊のローストを」

レ・ダロン

ジェフ・カレル
1680円
原産国：フランス
ブドウ品種：ガルナッチャ、カリニャン他
／イオン

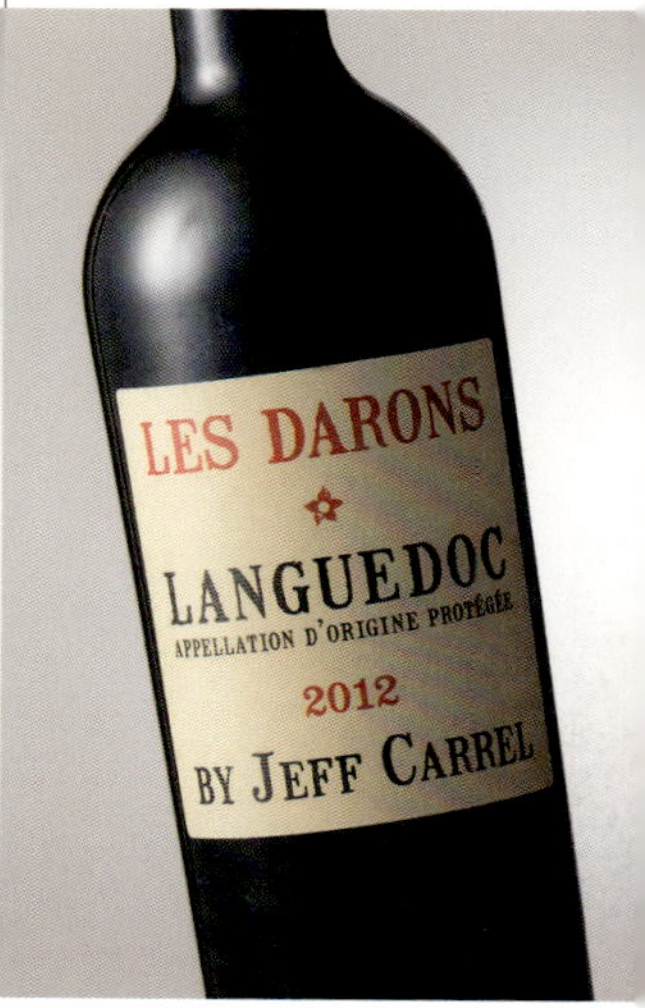

「腐葉土の香りを感じるような熟成感があります。それでいて、舌の上に残るような渋みはなし。焼き肉や餃子など、どんな肉料理にも合いやすいので、秋から冬にかけての時期にとてもおすすめです」

「最近は、どのスーパーも
おいしいワイン探しに
力を入れてますよ!」

カークランド・シグネチャー オークヴィル カベルネ・ソーヴィニヨン

カークランド・シグネチャー
2598円
原産国：アメリカ
ブドウ品種：カベルネ・ソーヴィニヨン
／コストコ（2016年春入荷予定）

「チョコっぽいアロマや樽が軽く焦げたようなロースト香が口に広がります。ブドウ本来の果実味もしっかり感じることができ、文句なしのおいしさ。品質もよく、ボトルも素敵なので、贈り物にも最適」

モンテス・アルファ カベルネ・ソーヴィニヨン

モンテス
2090円
原産国：チリ
ブドウ品種：カベルネ・ソーヴィニヨン、メルロー
／サミット

「"モンテス・アルファ" は、チリの名門ワイナリーによる、間違いない銘柄。このカベルネはしっかりした甘みがありながら、バランスよく酸味や渋みが備わっています。安心して人にすすめられるワイン」

アズダ
エクストラ・スペシャル
プロセッコ

980円
原産国：イタリア
ブドウ品種：グレラ
／西友

「柑橘類や爽やかな花の香りを感じるスキッとした辛口。こんな風味豊かなスパークリングが980円なら、いつも冷蔵庫で冷やしておきたい。天ぷらやオイルベースのパスタ料理に合わせてみては」

カークランド・シグネチャー
シャンパン・ブリュット

カークランド・シグネチャー
2388円
原産国：フランス
ブドウ品種：シャルドネ、
ピノ・ノワール他
／コストコ

「若々しい果実の酸味とピノ・ノワールの苦みが混ざり合う、独特な味わいが〝オツ〟。時間が経つほど酸味が際立つような飲み口は女性向き。しょうがのきいた唐揚げや餃子など、パンチのある料理と」

ジェイコブス・クリーク
シャルドネ ピノ・ノワール
スパークリング

ジェイコブス・クリーク
1410円　原産国：オーストラリア
ブドウ品種：シャルドネ、
ピノ・ノワール
／サミット

「辛口だけど、泡の感じや酸味は控えめで、ずっと飲み続けられるタイプ。フレッシュな果実香は、清涼感がほしいときにぴったり。お風呂上がりや天気のいい昼間にほどよく冷やした一杯は最高です」

Column

料理とワインの合わせ方

どこでいくらのワインを買おうと、そのワインが「それなりによいもの」であれば、私はどんな料理にも合うのではないか？　と思っています。よいワインは、よい人間と同じで、受け上手で寛容性があり、さまざまな会話に耳を傾ける力がある。つまり、さまざまな料理に合わせる力があると思うからです。「マリアージュ」だの「ペアリング」だのと、よく聞きますが、いろいろゴハンを作ってワインを飲んで、私なりに感じてみたことは、よいワインには幅があるから、そんなに細かく気にしなくてもいいということなのです。

そのうえで、「からすみ大根と赤ワインは合わない」「納豆とワインは合わない」「お刺身とタンニンの強い赤は合いにくい」といったことはあったとしても、例えば、牛肉のステーキや鴨肉に対して赤ワインを選ぶとき、日本の蒸し暑い夏ならば、適度な酸味と果実味のバランスがよいピノ・ノワールを合わせるだろうけれど、冬ならば、シラーやジンファンデルなど、濃い味のワインでも合うだろうと思うのです。

一方、私が気をつかうのは、料理においてもそうであるように、ワインにおいても「季節感」です。11～3月までの寒い時期は、さっぱりとした白を飲むことはなく、ふくよかな白（樽熟成のシャルドネや果実味と酸味のバランスがよいリースリングやゲヴュルツトラミネールなど）を選びます。この時期はどんな赤を飲んでもおいしいな、と感じます。4～5月という春を迎えたら、ややすっきりめの白に替えていき、夏になると蒸し暑いので、柑橘系やハーブの香りがする白にします。この時期、重めの白を飲むことはほとんどありません。また重い赤も避けることが多いです。体がきついな、と感じるからです。日本はイタリアやフランス、スペインと違って、夜になっても涼しくなることのないトロピカルアイランド。なので、欧米と同じようなワインの楽しみ方ができる風土ではないのかな、と思います。

ワインを飲むときは、体に聞いてみましょう。「これはいいかな？　どうかな？　もっとさっぱりめがいい？」などと。料理とワインが対話をするように、体とワインも対話をしてくれます。

・スーパーの食材で・

ひと皿ゴハン

お料理初心者でも簡単に作れるひと皿メニューをご紹介します。
もしブドウ品種ごとにいろんな料理を試したくなったら、
『ワインパーティーをしよう。』（講談社）がおすすめです。

10分ビーフストロガノフ

**輸入ビーフを上手に使うと、リーズナブルでおいしい、
しかもすぐに仕上がるビーフストロガノフができ上がります。
しっとり仕上げるために、牛肉は焼きすぎないように！
シャルドネなど白もぴったりですが、赤も合いますよん。品種はなんでも。**

材料（２人分）

牛肉（ステーキ用または切り落とし）	150g
塩	小さじ½
玉ねぎ	½個
マッシュルーム	6個
バター	20g
薄力粉	小さじ２
牛乳	カップ⅔
サワークリームまたは生クリーム	大さじ２
鶏がらスープの素（顆粒）	小さじ¼
ケーパー	大さじ１
ご飯	２膳分
パセリのみじん切り	適宜
こしょう	少々

1 牛肉に塩をする（多いようだが、ソースにとけるのでＯＫ）。玉ねぎは薄切りにしてラップにくるみ、電子レンジで４分加熱する。マッシュルームは軸の汚れを取り、半分に切る。
2 フライパンを中火に熱してバターを入れ、肉の表面の色が変わる程度に焼く。１分が目安。肉を取り出し、一口大に切っておく。
3 **2**のフライパンに（洗わなくてよい）玉ねぎとマッシュルームを加え、弱火で２分ほど炒める。ここに薄力粉をふり入れ、さっと炒めたら牛乳を加えて中火にする。とろみが出てきたら、チキンスープの素、ケーパー、肉、サワークリームを加えて30秒温めたらでき上がり。
4 器にご飯を盛り、**3**をかける。お好みでこしょうをふり、パセリを散らす。

バルサミコポークソテーと焼きアボカド

さーて、質問です。ロース肉をおいしくいただくのに、強火と弱火、どちらがいいでしょう？
――答えは弱火。お料理上手が強火で料理するのはいいのですが、
普通レベルの場合は、弱火で気長に焼くほうがしっとり仕上がります。
こちら、白ワインも合いますよ～。

1 豚肉に塩をふる。
2 フライパンを中火に熱し、バターを入れたら弱火にする。種を取り、４等分に切ったアボカドと１を入れ、両面をそれぞれ２分ほどソテーする。火を止めたら蓋をして、余熱で約２分火を通し、器に盛りつける。
3 ２のフライパンにソースの材料を入れ、さっと中火で火を通す。豚肉とアボカドにかけてでき上がり。お好みでパプリカの細切りを飾り、パセリを散らす。

材料（２人分）

豚ロース肉……２枚（１枚約150g）
塩……小さじ１
アボカド……１個
バター……20g
（またはオリーブオイル大さじ１）
ソース
粒マスタード……大さじ１
バルサミコ酢……大さじ１
砂糖……大さじ１
パプリカ（黄）……適宜
パセリのみじん切り……適宜

かじきの焦がしバターソテー 生ハムのせ

**かじきは、下ごしらえをしなくてよいので、
お肉のように気軽に楽しめるお魚です。上手に作るコツは、
火を入れすぎて固くしないこと。弱火で調理してみてください。
白もいいけれど、ピノ・ノワールも合いますよ！**

材料（２人分）

かじき……………２切れ（１切れ約100g）
塩……………………………………小さじ⅔
バター…………………………………30g
（またはオリーブオイル大さじ２）
生ハム……………………………２～４枚
バジルの葉………………………３～４枚
つけ合わせ
- アスパラガス……………………８本程度
- じゃがいも…………………………２個
- 塩……………………………………小さじ⅓

プチトマトのみじん切り………………適宜

1. かじきに塩をして10分ほどおく。
2. アスパラガスとじゃがいもはそれぞれラップにくるんで電子レンジで６～７分加熱し、柔らかくする。じゃがいもは皮をむいて1.5㎝厚さに切り、全体に塩をする。
3. フライパンを熱々にし、バターを入れて焦がす。焦げたらすぐごくごく弱火にして、アスパラガス、じゃがいも、かじきを加え、バターをかけながら両面を１分ずつ焼く。かじきの上に、バジルと生ハムをのせ、火を止める。
4. 器に盛りつけ、フライパンに残った焦がしバターをかける。アスパラガスとじゃがいもを添え、お好みでトマトを散らす。

ワイン専門店で出会う。4コースメニューを作ろう

ワイン専門店でワインを買うということは、上質な音響システムとスピーカーで音楽を聴くようなものです。それもトランペットならマイルス・デイビス、ピアノならビル・エバンス、サックスならジョン・コルトレーンと、演奏家を選びぬいて音色の違いを味わうようなもの。専門店ですから、楽器と同じように専門分野に分かれます。フランス、イタリア、カリフォルニアなど、セレクトする人によって、強みが違います。専門店のセレクターは、知っている情報を私たちに惜しげもなく与えてくれます。一本のワインに対して、味と香りの知識、そして背後のストーリーがぐっと豊かになるという体験は、コンビニやスーパーではなかなかできないことです。

その情報とは、味わいだけでなく、ブドウ品種とそのブレンド比率から、造り手の歴史、どんな土壌で日照と降水量はどうだったのか、寒暖差がある土地なのか、このワインは誰に認められ、どんな賞をとっているのか、などと多岐にわたります。情報を読み込んでいくと、同じシャルドネという品種であっても、例えばカリフォルニアのナパのような気温の高い所で育ち、樽発酵をしていれば、果実味があって香りも豊かなタイプになるのかな……、一方、同じカリフォルニアでもソノマという場所や、イタリア北部のトレンティーノやアルト・アディジェ州などの冷涼な土地で、ステンレス発酵

で造られたものなら、すっきりとして繊細なシャルドネになるのかな……などと想像できるようになります。

難しそう？　いえ、みなさん、ご心配なく。私のように、飲んでいるワインの色を見て香りをかぎ、ボトルを写メしてネットで調べれば、絶対に同じようになります。何よりも、自分で情報を集め、産地を思い描いてワインを選べるようになると、人生是、楽しいのです。「今夜のワイン、どうしよう？今夜のゴハン、どうしよう？」と思った瞬間から、何時間でも費やすことができ、老人になったからとて、ぼーっとしている暇はないのです。さらに、世界のワインを体験し、ネットサーフィンするだけで、今夜はイタリアに、明日はスペインに、その次はドイツにと、自由に旅ができます。それに、ワイン専門店でワインを買ったからといっても、「この香りはカシスだ、石灰だ」などと分析する必要はありません。我々所詮、飲むリエ隊。「おいしいなぁ。しあわせだなぁ」。そう感じるだけで、脳が人をしあわせにするたくさんの情報を自動的に集めてくれます。一瞬であったとしても、いいではないですか。私の願いは、思いを分かち合うたった一人のワイン友が、いつも私の前に座っていることです。

● 専門店ワイン ●

おすすめリスト①

目利きバイヤーが自信を持って厳選したワインが並ぶ専門店。その中には、１０００円台で買えるお手頃価格の掘り出し物も！　今手に入れるべき、３５００円以下の絶品ワイン。

コナンドラム ホワイト カリフォルニア

2012年
コナンドラム・ワインズ
3150円　原産国：アメリカ
ブドウ品種：マスカット・カネリ、ヴィオニエ他
／ワイン蔵ONLINE

「飲んだ瞬間に『なんておいしいワイン♪』とハッピーな気分になれます。はちみつのような旨みが喉を通った瞬間に辛口に変化。後味はシャープにまとまります。開けて5分後くらいからが飲み頃」

ソアーヴェ クラシコ 2013 ジーニ

ジーニ
1930円
原産国：イタリア
ブドウ品種：ガルガネガ
／トスカニー

「ヴェニスで飲んで以来、ずっと好きなうちの定番ワイン。ベーシックだけれど、上質な酸やミネラルが感じられて、ほのかに香るハーブも心地いい。魚にも肉にも合い、コース料理を一本で満喫できます」

SW-RG02

2012年
ヒルト・ゲープハルト
2500円
原産国：ドイツ
ブドウ品種：リースリング
／シュピーレン・ヴォルケ

「舌を包み込むようなコクがあり、辛口の日本酒を思わせる口当たり。黄色い花に包まれたような香りや芳醇な味わいを活かしたいので、ほんのり冷やすくらいが適温。和食とじっくり堪能したい」

ドメーヌ・ブッソン シャブリ

ドメーヌ・ブッソン
2480円
原産国：フランス
ブドウ品種：シャルドネ
／やまや

「満開の百合のような芳香でミネラル感がすばらしい。よい畑で育ったブドウならではの品を感じます。どんな料理にも合いますが、和食なら帆立てのお刺身や豚しゃぶ、鶏団子鍋など淡泊な旨みと好相性」

Dr.V.バッサーマンヨーダン・ソーヴィニヨン・ブラン

2012年
バッサーマンヨーダン
2480円
原産国：ドイツ
ブドウ品種：ソーヴィニヨン・ブラン
／京橋ワイン

「果実の凝縮感と穏やかな酸味、ミネラル感がバランスよくまとまっています。スパイスやハーブを使った肉料理、酸味や辛さが際立つエスニック料理に合わせれば、大人っぽい組み合わせになりますよ！」

リースリング トラディション

2013年
エミール・ベイエ
2600円
原産国：フランス
ブドウ品種：リースリング
／フィラディス

「アルザスの冷涼な気候ならではの華やかさがあります。リースリングの柔らかな甘さが口いっぱいに広がり、最後、舌にほんのり辛さが残ります。ワイン選びに困ったら、これ一本で通してもよさそう」

SW-P20

2012年
ペトリ
3000円
原産国：ドイツ
ブドウ品種：ショイレーベ
／シュピーレン・ヴォルケ

「果実の甘い香りがパッと広がり、最初の印象はすごくエレガント。それとは対照的に、飲み口はスッキリと引き締まっています。ドイツワインのいいところが詰まったような一本。ストック買いしたい！」

SW-N06

2013年
ヤコブ・シュナイダー
2900円
原産国：ドイツ
ブドウ品種：ヴァイスブルグンダー
／シュピーレン・ヴォルケ

「はちみつを思わせる甘みをレモンやトマトのような爽やかな苦みが締め、長く気持ちのいい余韻が残ります。冷やしすぎないのがおいしさのコツ。白身魚のバターソテーやホワイトソース料理にマッチ」

「甘くないロゼ、
おいしいですよ。
もっと注目を!」

カプリース・ド・クレモンティーヌ ロゼ

2013年
シャトー レ・ヴァロンティーン
2500円
原産国：フランス
ブドウ品種：グルナッシュ、サンソー
／フィラディス

「採れたてのイチゴのような香りで幕が開き、ほどよい甘さが登場して、フレッシュな酸で幕を閉じる。そんなストーリー性のある一本ですね。魚介のトマトパスタなど、ワインを白か赤で迷ったらコレ」

シャトー・レゾリュー・ロゼ

2013年
シャトー・レゾリュー
1580円
原産国：フランス
ブドウ品種：グルナッシュ、シラー他
／ヴィノスやまざき

「飲んですぐに、質のいいワインということが伝わってきます。白ワイン感覚で飲めるので、ロゼ初心者の最初の一本にもおすすめ。塩やレモンをきかせた料理との相性は最高。夏だけでなく一年中ぜひ」

ストーンヘッジ・メリタージュ・ナパヴァレー　2009

ストーンヘッジ・ワイナリー
3300円
原産国：アメリカ
ブドウ品種：カベルネ・ソーヴィニヨン、メルロー他
／ヴィノスやまざき

「まずメルローの繊細さを感じ、余韻としてカベルネらしい重みがほのかに残ります。赤ワインの理想を形にしたようなバランスのよさとシルキーな口当たりはすばらしい。メルローが好きになる一本」

クラレンドル・ルージュ バイ・シャトー・オー・ブリオン

2009年
クラレンス・ディロン・ワインズ
3000円　原産国：フランス
ブドウ品種：メルロー、カベルネ・ソーヴィニヨン
／エノテカ

「高級銘柄シャトー・オー・ブリオンにインスパイアされたワイン。ビロードのような口当たりで、舌の上をスーッと滑るような質感には思わずうっとり。飲む１時間前に開けると旨みがぐっとアップ」

ハーン・ワイナリー メリタージュ レッドブレンド・セントラルコースト

2013年　ハーン・ワイナリー
2682円　原産国：アメリカ
ブドウ品種：カベルネ・ソーヴィニヨン、メルロー他
／ワイン蔵ONLINE

「赤黒いフルーツの果実味が濃厚で力強く、カシスリキュールのような香りも。まろやかながらコクや苦みが存在感を主張するような複雑さは、2000円台のワインとは思えません。牛肉料理と飲みたい」

カレラ セントラルコースト ピノノワール

3480円
カレラ・ワイン・カンパニー
原産国：アメリカ
ブドウ品種：ピノ・ノワール
／やまや

「出会えてよかったと思えるおいしさ。さすが、ブルゴーニュと同等のワインを完成させた醸造所として名を馳せるカレラ。これだけで飲んでも、クリームパスタやチキンの香草焼き、ステーキとも相性◎」

ベンチ ピノ・ノワール

2013年
ブラック・マウンテン
3300円
原産国：アメリカ
ブドウ品種：ピノ・ノワール
／フィラディス

「このレベルをブルゴーニュ産で買うと、きっと倍の値段はするはず！　鮮やかなルビーカラーが特徴的で、花のようなアロマもすごくエレガントです。ワイン好きの方のプレゼントにもうってつけ」

キャンティ クラシコ 2011 チリアーノ

2011年
チリアーノ
2240円　原産国：イタリア
ブドウ品種：サンジョヴェーゼ、カナイオーロ他
／トスカニー

「甘みや酸味、渋みなど、このワインにおける味わいをグラフにすると、キレイな円になるようなバランスのよさ。約１時間前に開けておくとベストな状態になります。赤身肉や濃厚なチーズを合わせて」

モンマルサル・エクストレマリウム

モンマルサル
2380円
原産国：スペイン
ブドウ品種：シャルドネ、チャレッロ他
／ヴィノスやまざき

「舌触りが絹のようになめらか。一方、どっしりした熟成感があり、高級シャンパンのような風格も。ローストチキンやビーフシチューと一緒に、クリスマスなど特別な日に華を添える名脇役としてぜひ」

カルテット・アンダーソン・ヴァレー・ブリュット

ロデレール・エステート
3500円
原産国：アメリカ
ブドウ品種：シャルドネ、ピノ・ノワール
／エノテカ

「きめ細かな泡が舌を心地よく刺激し、トースト香がフワッと漂う雰囲気は、まるでクラシックなシャンパンのよう。天ぷらやえびフライなどの繊細な味の揚げ物料理と合わせると両方のよさが際立ちそう」

エミール ミッシェル ブリュット

デュヴァル・ルロワ
2980円
原産国：フランス
ブドウ品種：シャルドネ、ピノ・ノワール他
／やまや

「グラスから果実のフレッシュな香りが立ち上り、口の中で酸の清涼感とフルーティな甘さを堪能できます。今回試飲した50種のスパークリングの中でもっとも心を奪われた一本。フライ料理と好相性」

フランシス・コッポラ　ソフィア ブラン・ド・ブラン・モントレー

2013年　フランシス・フォード・コッポラ・ワイナリー
3312円　原産国：アメリカ
ブドウ品種：ピノ・ブラン、リースリング他
／ワイン蔵ONLINE

「マスカットを噛んだようなフレッシュな香りと凛々しい酸が特徴の華やかなワイン。女性の多いホームパーティーで、白身魚のカルパッチョやゴーダチーズと一緒に振る舞えば、おもてなしは完璧です」

クレマン・ド・ブルゴーニュ ブリュット

ヴーヴ・アンバル社
1980円
原産国：フランス
ブドウ品種：ピノ・ノワール、シャルドネ他
／うきうきワインの玉手箱

「ピノ・ノワールが加わることによって、味が濃厚かつ複雑になり、シャンパン級のクオリティに。辛口だけれど、旨みを感じるような甘さもあり、これで1980円なら殿堂入り。料理を選ばない一本です」

クロズリー・デ・リ クレマン・ド・リムー

シャトー・アントニャック
2600円
原産国：フランス
ブドウ品種：シャルドネ、シュナン・ブラン他
／フィラディス

「柑橘の果実味と花のような香り、ミネラル、酸味……。口の中でいろいろな表情が見え隠れする複雑さがあります。合わせるのは、ズッキーニやトマトなどの野菜や肉のグリルなど、素材重視の料理を」

スパークリングワインの選び方

シャンパンというスパークリングワインは、すばらしき飲み物です。きめ細やかな泡、刺激的な喉越し、ラベルのエキゾチックさも手伝って、私たちを魅惑的な世界へと連れていってくれます。食前酒に合う超辛口のエクストラ・ブリュット、辛口のブリュット、中辛口エクストラ・セックがありますが、私が一番好きなブリュットから選ぶならば、風味豊かなルイ・ロデレール、食事と合わせても存在感のあるテタンジェ、誰もが喜ぶアンリオ、ふっくらとしたアヤラ、品格のあるボランジェ、コクのあるガティノワなど大好きです。ただ、何本も飲みたいときには大きな出費になってしまいますので、選ぶ基準となるブドウ品種とタイプのこと、そしてシャンパーニュ以外のすばらしき産地を探っていきましょう。

〈スパークリングワインの味を決める白赤品種と白赤比率〉

シャンパンやスパークリングワインは、白ブドウと赤ブドウから造られます。白だけ、赤だけの場合もあるし、混ぜることもあります。白ブドウで代表的なものはシャルドネ、グレラ（主にプロセッコ）、マカベオ、赤ブドウで代表的なものはピノ・ノワール、ピノ・ムニエ。白ブドウだけで造ったものは「ブラン・ド・ブラン」（白の白）、赤ブドウだけで造ったスパークリングは「ブラン・ド・ノワール」（赤の白）と呼ばれます。

この違いをひと言でいうと、「軽さ」「重さ」です。多くのスパークリングワインは2つのブドウ品種を混ぜて造りますが、シャルドネ比率が高ければ、キリッと軽いブラン・ド・ブラン風の味わいに、ピノ・ノワール比率が高ければ、重くてコクのあるブラン・ド・ノワール風の味わいになります。

私が好きなシャンパンの中では、ガティノワとボランジェ以外は、白・赤ブドウの比率はだいたい4：6。ガティノワとボランジェは赤ブドウのピノ・ノワールの割合が高くなっているため、コクと重さのある味わいとなります。だから軽めのスパークリングワインを飲みたいな、と思ったならば、白・赤比率が5：5のポメリーなどがおすすめ。あとは比率さえ調べれば、どこの国のものでも味の想像ができるようになります。例えば、イタリア産で好きなものにカ・デル・ボスコとフェルゲッティーナというものがありますが、白赤比率はともに、大体8：2。すっきりした味わいとなるのです。ちなみにイタリアのヴェネトで造られるプロセッコは、白ブドウだけで造られるので、そんなに重くありません。

〈代表的産地〉

シャンパーニュ以外のフランス産スパークリングワインといえば、まずはクレマンが挙げられます。2000～3000円で掘り出し物がたくさん。ロワール、アルザス、ラングドック・ルーションのものは特におすすめです。スパークリングワインを1000円前後から世界に広めてくれたのはスペインのカヴァ。ブランドで明記するならばフレシネでしょう。ほかにもコドーニュ、ロジャー・グラート、モンサラ、モン・マルサル、カヴァ・ベルタなども有名。イタリアでも、ラ・ジャラ、ベラヴィスタ、フェラーリ、そして果実味のあるアスティ・スプマンテもお試しを。新世界のアメリカでは、シュラムズバーグ、ドメーヌ・カーネロス、ドメーヌ・サン・ミッシェルもおすすめです。オーストラリアならば、ジェイコブス・クリーク、デ・ボルトリ（DB）、グリーン・ポイントなど。ぜひトライしてみてくださいね！

フランスのヴァン・ムスー

クレマン・ド・ブルゴーニュ
ブリュット

1980円
ブドウ品種：ピノ・ノワール、シャルドネ他
／うきうきワインの玉手箱

イタリアのプロセッコ

アズダ
エクストラ・スペシャル
プロセッコ

980円
ブドウ品種：グレラ
／西友

スペインのカヴァ

トッレオリア・カヴァ・
ブリュット（白）

741円
ブドウ品種：マカベオ
／セイコーマート

オーストラリアの
スパークリングワイン

ジェイコブス・クリーク
シャルドネ ピノ・ノワール
スパークリング

1410円
ブドウ品種：シャルドネ、ピノ・ノワール
／サミット

●専門店ワイン●

おすすめリスト②

ちょっぴり値は張るけれど、それ以上のおいしい価値がある3500～4500円のワインをピックアップ。飲むと思わず笑みがこぼれる極旨ワインは、特別な日やプレゼントにも。

ゲヴュルツトラミネール グランクリュ ゾッツェンベルク

2012年
リーフェル
3600円
原産国：フランス
ブドウ品種：ゲヴュルツトラミネール
／フィラディス

「完熟したブドウの旨みやフローラル系の香りが濃厚で、味に奥行きとボリューム感があります。ポトフのような素材を活かしたシンプルな料理によく合い、おいしい相乗効果を引き出してくれます」

レ・ペニタン・シャルドネ

2010年
ジャンテ・パンショ
3600円
原産国：フランス
ブドウ品種：シャルドネ
／エノテカ

「旨みをたっぷり含んだミネラル感があり、ハーブのような香りも心地いい、大人っぽいシャルドネ。１万円を超える有名銘柄に引けを取らない美味ワインがこの値段で手に入るのは、本当にお買い得」

メール・ソレイユ シルバー アンオークド・シャルドネ サンタ・ルシア・ハイランズ モントレー・カウンティ

2013年　メール・ソレイユ
4050円　原産国：アメリカ
ブドウ品種：シャルドネ
／ワイン蔵ONLINE

「ライムなどの柑橘類の香りと明るい酸味がフレッシュな印象。清々しくも濃厚な味わいはいいムルソーのようで、価格以上の価値があります。開けた瞬間は甘みを強く感じるので、少しおいてからぜひ」

ドメーヌ・サン・レミィ ピノ・グリ・ グラン・クリュ・ブラント

2013年
ドメーヌ・サン・レミィ
3780円　原産国：フランス
ブドウ品種：ピノ・グリ
／京橋ワイン

「アルザスでも古い畑で造られ、オーガニックの認証も取得している一本。マイルドな酸とミネラル感は飲み疲れないキレのよい味わいで、前菜からメインまで寄り添えます。和食との相性もぴったり」

リトル ビューティ ピノグリ

ヴィヌルトラ
3480円
原産国：ニュージーランド
ブドウ品種：ピノ・グリ
／やまや

「最初にハーブがふんわり香り、その後スパイシーさがやってきます。主張しすぎない味わいは、ベトナムやタイ料理ともマッチ。ニュージーランドはソーヴィニヨン以外でも掘り出し物がたくさん」

パラッツォ・デッラ・トーレ

2011年
アレグリーニ
3800円
原産国：イタリア
ブドウ品種：コルヴィーナ・ヴェロネーゼ、ロンディネッラ他
／エノテカ

「開けたてから、ベルベットのようになめらかなワインが舌の上を滑っていく心地よさがあります。甘さに品があり、渋みも繊細で、全体的にとても洗練された印象。この値段ではありえない味わい深さ」

ロゴノーヴォ

2012年
ロゴノーヴォ
3800円
原産国：イタリア
ブドウ品種：サンジョヴェーゼ、メルロー他
／フィラディス

「果実味がとても濃厚！タンニンはあるけれど鋭くなく、一般的なサンジョヴェーゼよりライトで飲みやすいという印象です。ほんの少し冷やして、鴨や子羊のローストと一緒にいただくのがおすすめ」

**エトナ ロッソ
カルデラーラ ソッターナ**

2012年
テヌータ デッレ テッレ ネーレ
4260円
原産国：イタリア
ブドウ品種：ネレッロ・マスカレーゼ
／トスカニー

「以前、トスカーナで１万円ほど払った（笑）ワインとおいしさの質がよく似ています。最初は軽やかで、その後に複雑さが現れ、最後は重厚感たっぷりの高級ワインを飲んだという満ち足りた気持ちに」

ルチェンテ

2012年
ルーチェ・デッラ・ヴィーテ
3980円
原産国：イタリア
ブドウ品種：メルロー、
サンジョヴェーゼ
／うきうきワインの玉手箱

「サンジョヴェーゼは、満足できる味になるまで時間が必要なものもあるけれど、これは抜栓後すぐチェリーやハーブのいい香りが広がり、バランスのとれた状態に。さすが有名ワイナリーのセカンド！」

マルティナ・ブルネッロ・ディ・モンタルチーノ

2008年
3580円
原産国：イタリア
ブドウ品種：ブルネッロ
／京橋ワイン

「最初タンニンの渋さが目立ちますが、１時間程度でベリーなど、果実の芳醇な香りが現れます。最終的に甘みと酸味と渋みがパーフェクトなバランスとなり、どんなワイン通でも満足するような味に」

ジラード オールド・ヴァイン ジンファンデル ナパ・ヴァレー

2012年
ジラード・ワイナリー
4321円　原産国：アメリカ
ブドウ品種：ジンファンデル、
プティ・シラー
／ワイン蔵ONLINE

「新橋のレストランでも出しているお気に入りのブランド。ジンファンデルの中でも古木ならではの複雑で落ち着いた味は、ソムリエも太鼓判を押しています。スペアリブなど肉類との相性が抜群です」

コースメニューでワインを楽しもう

今日はワイン専門店でワインを買ってきて、パーティーをしよう！　というときは、品数は4品で十分です。よいワインというのは美しいバレリーナと同じで、立っているだけでも絵になる。あれやこれや足し算していく必要はないのです。というわけで、みなさんのための「4コースのおうちでレストランメニュー」をご用意いたしました。料理は、野菜の前菜&サラダ、パスタ&ごはん、メイン、デザートという4つのジャンルから一つずつお選びください。そしてシャンパンやスパークリングワインを1本、白を1本、赤またはロゼを1本など、人数に応じてセレクトしてみましょう。ワイン好きの人が増えてきたら、「今日はニュージーランドワインで揃えよう」とか「今日はスパニッシュで揃えよう」などと相談しながら選ぶのも楽しいかもしれません。また、私のようにタラタラゆっくり飲みたいメンバーがいたら、チーズを買ってきて、それに合いそうな赤ワインを選んでおくといいかも。

　チーズも迷いがちですが、数種類買うならば、白カビ、青カビ、ハード、シェーブルなどから3つ、違うものを選ぶといいですよ。楽しきワインパーティーを！

MENU

前菜＆サラダ
～ Appetizer&Salad ～

野菜と魚介のフリットミスト
サラダ菜のニース風サラダ
カリフラワーのムース
揚げなすのトマトマリネ
鯛とアボカドのタルタル
チコリとモッツァレラのグラタン

パスタ＆ごはん
～ Pasta&Rice ～

バターゆずごしょうパスタ
レモンクリームパスタ
トマトとチーズの炊き込みリゾット
チキンクスクス

メイン
～ Main ～

牛肉のビール煮込み
チキンのパプリカソース
豚肩ロースのコンフィ
魚のオリーブオイルロースト

デザート
～ Dessert ～

サワークリームのブラマンジェ オレンジ風味
フルーツチョコレートソース
アーモンドクッキー

野菜と魚介のフリットミスト

前菜の定番、いろいろなフリットの盛り合わせ。
レモンの皮をすりおろして衣に加えてみたら、爽やかでおいしい！
ピノ・グリージョ、ソーヴィニヨン・ブランなど
すっきり系の白ワインにとっても合いますよ。

材料（4人分）

えび……４尾（有頭えびでなくてもＯＫ）
いか……１ぱい
ズッキーニ……１本
アスパラガス……２本
揚げ油……適量
衣
- 天ぷら粉……カップ½
- 冷えたビールまたは炭酸水……カップ½
- レモンの皮のすりおろし……½個分

塩、レモンのくし形切り……各適量

1 えびは背わたを取り、頭を残して殻をむく。いかはわたを取り除き、皮つきのまま、1.5㎝幅の輪切りにする。ズッキーニは６㎝長さに切ったあと、縦４等分、アスパラガスは斜め２等分にする。揚げ油は中温（170度前後）に熱しておく。

2 ボウルに衣の材料を入れてさくっとかき混ぜ、1をそれぞれくぐらせてから揚げる。浮いてきたら揚げ上がりの目安。塩とレモンを添える。

サラダ菜のニース風サラダ

ニース風サラダは、通常はサニーレタスで作りますが、
今回はサラダ菜を使ってみました。
包丁さえ使わない簡単さなのに、とってもおいしいので、
ぜひお試しを。スパークリングやさっぱり系の白ワインと。

材料（2人分）
サラダ菜……1株
ツナ缶……1缶（約70g）
温泉卵（市販）……1個
グリーンオリーブ……6個
ドレッシング
- レモンの絞り汁……大さじ1
- オリーブオイル……大さじ1
- 塩……小さじ1/3

こしょう、レモンの皮のすりおろし……各適宜

1 サラダ菜はよく洗って食べやすい大きさにちぎり、水けをきっておく。ドレッシングの材料はすべて混ぜておき、食べる直前に和える。

2 器にサラダ菜を広げ、ほぐしたツナ、手でちぎったグリーンオリーブを散らす。最後に温泉卵をのせ、お好みでこしょうとレモンの皮をかける。

カリフラワーのムース

お客様をお呼びして、目の前で料理を作るのは、実はプロでも難しいこと。いろいろ話しかけられると、何をしたらよいかわからなくなってしまいます。そんなときの定番がムースです。冷やしておけば、スパークリングと一緒に出せばよいだけですから！

材料（4人分）

カリフラワー（茎を除いて小房に分ける）……カップ1
酢……大さじ1
牛乳……カップ½
板ゼラチン……4g
砂糖……小さじ1
塩……小さじ½
生クリーム……カップ½
仕上げ用
- オリーブオイル……大さじ1
- 塩……小さじ¼
- 芽ねぎ……適宜

1 カリフラワーは酢を入れた湯（色止めのため）で、柔らかくなるまでゆでる。板ゼラチンは、ひたひたの水（分量外）でふやかす。

2 牛乳は電子レンジで1分30秒温め、柔らかくなったゼラチンを入れて混ぜ溶かす。

3 ミキサーにカリフラワー、2、砂糖、塩、生クリームを入れて全体を攪拌する。器に入れてラップをかけ、冷蔵庫で冷やし固める。仕上げにオリーブオイルをかけて塩をふり、お好みで芽ねぎをあしらう。

揚げなすのトマトマリネ

たまには揚げ物、いかがでしょう。食欲をそそる彩りですし、フライパンで作ると簡単だし、マリネすれば余分な油も落ちます！白ワインもよいのですが、ピノ・ノワールやメルロー、サンジョヴェーゼなどの赤にも合うなぁ。

材料（2〜3人分）

なす……3〜4本
トマト……1個
バジルの葉……2〜3枚
レモンの皮のすりおろし……少々
揚げ油……カップ1
マリネ液
　ワインビネガーまたは普通の酢……大さじ1
　砂糖……大さじ2
　水……カップ¼
　レモンの絞り汁……½個分
　塩……小さじ½

1 なすは縦2等分に切ってから、皮目に包丁で斜めに浅く切り目を入れる（火の通りがよくなる）。ボウルにマリネ液の材料を入れてよく混ぜる。揚げ油は中温（170度）に熱しておく。

2 なすは、皮の色が鮮やかになるまで約2分、揚げる。1のマリネ液に揚げたなすを熱いうちに入れ、粗熱が取れたら冷蔵庫で冷やす。

3 器に盛りつけ、粗みじん切りにしたトマト、ちぎったバジル、レモンの皮をのせる。

鯛とアボカドのタルタル

**まぐろとアボカドのタルタルはワインつまみの定番ですが、
今回は鯛で作ってみたら、これまたイケル!!
ポイントはケーパーで酸味を出すこと。ない場合は、らっきょうで代用してみても。
白ワインやスパークリングとぜひ。**

材料（3〜4人分）

鯛（刺身用）	1さく（約100g）
アボカド	½個
ケーパー	大さじ1
レモンの絞り汁	大さじ1
オリーブオイル	大さじ1
塩	小さじ⅓
プチトマトのみじん切り	2個分
レモンの皮のすりおろし	少々
オリーブオイル、こしょう	各適宜

1 鯛は包丁でたたいて、細かくする。アボカドは皮をむき（写真のように器として使う場合はきれいにはずす）、包丁でたたく。ある程度細かくなったら、両方を合わせて軽くたたき、ケーパーを加え、レモン汁、オリーブオイル、塩を加えて混ぜる。

2 器（アボカドの皮でもよい）に盛りつけ、プチトマト、レモンの皮で飾る。お好みでオリーブオイルとこしょうをかける。

チコリとモッツァレラのグラタン

**チコリはサラダに使うことが多いのですが、こうしてグラタンにすると、
ほどよい苦みが出て大人な味わいになります。
グラタンといっても、チーズをかけるだけなので、とても簡単。
リースリングやロゼ、そしてピノ・ノワールにもぴったり。**

材料（2〜3人分）

チコリ	1個
バター	20g
（またはオリーブオイル大さじ1）	
塩	小さじ½
砂糖	小さじ¼
モッツァレラチーズ	½個（約70g）
とけるタイプのチーズ	カップ⅓
こしょう	少々
ローズマリー	適宜

1 チコリは縦４等分に切る。フライパンを中火に熱してバターと砂糖を入れ、チコリがきつね色になるまで６〜７分、弱火でゆっくり炒める。

2 耐熱容器にチコリを入れ、塩小さじ¼（半量）をふる。この上に水けをきってちぎったモッツァレラチーズととけるチーズをのせ、残りの塩をかける。オーブントースターに入れ、チーズがとけるまで、５〜７分焼いたらでき上がり。お好みでローズマリーをのせて焼いてもよい。仕上げにこしょうをふって。

バターゆずごしょうパスタ

九州名産ゆずごしょう、これはもう焼き鳥にも焼き魚にも、おでんにも、なんにでも合う。ならばパスタにだって合うだろう、と作ってみたものがこちら。ばっちりでした。混ぜるだけの簡単さもおすすめの理由です。白ワインとどうぞ！

材料（2人分）

パスタ（ここではスパゲッティ）……140g
ゆずごしょう……小さじ1
バター……20g
パスタのゆで汁……大さじ4
塩……1つまみ
レモンの皮のすりおろし、こしょう……各適宜

1 鍋にお湯を2ℓほど沸かし、塩大さじ2（分量外）を加える。パスタを入れ、袋の表示より1分短くゆでる。
2 ボウルにゆずごしょうとバターを入れておく。ここにゆで汁、水けをきったパスタを加え、全体を混ぜたら塩で味を調える。お好みでレモンの皮、こしょうをかけて、でき上がり。

レモンクリームパスタ

**クリームソースにレモンを少し加えると、
とっても大人っぽい味になります。ゲヴュルツトラミネールや、
アルザスやドイツの辛口のリースリングなど、
ほのかな苦みを感じる白ワインにぴったりです。**

材料（2人分）

ショートパスタ（ここではカサレッチェ）……約120g

ソース

- レモンの皮のすりおろし……¼個分
- パルメザンチーズのすりおろし……大さじ2
- 生クリーム……カップ¼
- バター……10g
- 鶏がらスープの素（顆粒）……小さじ½
- バジルの葉（ちぎる）……6～7枚

こしょう……適宜

1. 鍋にお湯を２ℓほど沸かし、塩大さじ２（分量外）を加える。パスタを入れ、袋の表示通りにゆでる。
2. フライパンにソースの材料をすべて入れて中火にかけ、沸騰したら火を止める。**1**のお湯をよくきってフライパンに加え、ソースとからめたらでき上がり。お好みでこしょうをふり、バジルの葉（分量外）を飾る。

トマトとチーズの炊き込みリゾット

リゾットをきちんと作るのはけっこう面倒だったりしますが、炊き込みご飯仕立てにすると、簡単に作ることができます。ステーキやお魚のつけ合わせにもぴったり。きりりと冷やした白ワインや、ほんのり冷やした赤に。サンジョヴェーゼもいいなぁ！

1 トマトはボウルに入れ、手でつぶして、なるべく汁を出す。にんにくは薄切りにする。
2 厚手の鍋にバターを入れ、米、にんにくを加えて弱火で３分ほど炒める。ここにトマト、水、塩、コンソメスープの素を加える。中火で加熱し、沸騰したら弱火にして15分炊く。※炊飯器に移して普通に炊いてもよい。
3 炊き上がったら、パルメザンチーズ、オリーブオイルを回しかけ、全体を混ぜたらでき上がり。お好みでパルメザンチーズのすりおろし（分量外）をかける。

材料（2人分）

トマトの粗みじん切り……カップ２
バター……20g
米……２合（洗わない）
にんにく……１かけ
塩……小さじ１
コンソメスープの素……１個
水……カップ½
パルメザンチーズのすりおろし……大さじ６
オリーブオイル……大さじ２

チキンクスクス

**クスクスはレストランで食べるものと思っていらっしゃるアナタ！
こんなに楽に作れて、レストラン風に見える食材はございません。煮込みにもサラダにも手軽にアレンジできます。こちらは赤にも白にも合う、ビストロの味わいです。**

材料（2〜3人分）

鶏もも肉（骨つき）……2本
塩……小さじ2
なす……1本
にんにく……1かけ
オリーブオイル……大さじ2
白ワイン……カップ½
クスクス……カップ⅔
熱湯……カップ½
スパイス類
（お好みで。カレー粉大さじ1でもよい）
- コリアンダー……小さじ½
- チリパウダー……小さじ¼
- クミンパウダー……小さじ½

パセリまたはバジルのみじん切り……適宜

1 鶏もも肉は塩をして15分ほどおく（ここで塩をしみ込ませることが大切）。なすはへたを除いて縦4等分にし、1.5㎝幅に切る。にんにくは薄切りにする。
2 深めの鍋にオリーブオイルを熱して中火できつね色になるまで（目安は表5分、裏3分）鶏肉を焼く。鶏肉を返したらなすとにんにくを加え、さらに炒める。
3 白ワインを加え、蓋をして中火のまま、10分ほど煮る。煮えたら蓋を開け、汁けをとばし、クスクスとスパイス類、熱湯を加える。
4 全体を混ぜたら蓋をして、3分ほど蒸らす。お好みでパセリを散らしてもよい。

メイン

牛肉のビール煮込み

赤ワインで煮込むことの多い牛肉ですが、ビールだとほろ苦さが少し加わってとてもおいしいんです。どんな赤ワインにも、そして重めのシャルドネのような白ワインにも合う一品。1 kgのお肉が多ければ、冷凍がおすすめです。

材料（4人分）

牛肉（シチュー用の肩ロースなど）	1 kg
玉ねぎ	大1個
にんじん	1本
セロリ	1本
にんにく	1かけ
オリーブオイル	大さじ4
ビール	1缶（500mℓ）
調味料	
コンソメスープの素	1個
塩	大さじ¾
砂糖	大さじ1
はちみつ	大さじ1
こしょう	少々

1 玉ねぎとにんじん、セロリ、にんにくは細かくみじん切りにするか、フードプロセッサーで細かくする。牛肉は8等分に切る。

2 圧力鍋でオリーブオイルを弱火で熱し、1の野菜類を加えて炒める。10分ほど炒め、甘みを出す。

3 2の上に肉をのせ、ビール、調味料を加えて強火にする。沸騰したら弱火にして35分（輸入肉なら40分）ほど煮る。仕上げにこしょうをふる。

※ 普通の厚手鍋なら、水をカップ1足してコトコト3～4時間、肉がほろっと柔らかくなるまで煮込む。

チキンのパプリカソース

こちらの色鮮やかなパプリカソース。パプリカを焼いたりと面倒なように見えますが、鶏肉だけでなく、いろんな食材に合うし、覚えてしまえば簡単です。
このオレンジ色のソースは、ロゼワインにぴったり。香ばしい風味が赤にも合います。

材料（2〜3人分）

- 鶏胸肉……1枚
- 塩……大さじ1
- 水……500㎖
- ソース
  - パプリカ（赤）……1個
  - 塩……小さじ½
  - 砂糖……小さじ½
  - オリーブオイル……大さじ3
  - パルメザンチーズ……大さじ4
  - チリペッパー……小さじ¼
- 塩、オリーブオイル……各少々
- ルッコラやパセリのみじん切り……適量

1 鶏肉は厚手の鍋に入れ、塩と水を加えて強火にかける。最初は強火、沸騰したら弱火にして、5分ほどたったら火を止め、蓋をして余熱で火を通してしっとり仕上げる。

2 ソースを作る。パプリカは直火で全体が真っ黒に焦げるまで焼く。流水をかけながら焦げた皮を取り除く。包丁で縦に切って、へたと種を取り除き、ミキサーに入れる。ソースの材料をすべて加え、なめらかになるまで攪拌する。

3 1を8㎜厚さのそぎ切りにする。器に盛りつけ、2のソースをかける。塩とオリーブオイルを全体に回しかけ、ルッコラなどを散らす。

メイン

豚肩ロースのコンフィ

**どんなタイプのワインにも合うのがこちら。
低温の油でじっくり焼くのでとてもしっとりした仕上がりです。
オイルで焼きますが、仕上がりは油っぽくありません。
他のお肉で作ってもおいしい。ビストロ風の味です。**

1 バットに豚肉を入れて全体に塩をふる。にんにくをすり込み、オリーブオイルを回しかける。オーブンシートで上から包み込み、オリーブオイルを肉全体になじませる。
2 120度に温めておいたオーブンで、30分ほど焼く。
3 肉は８㎜厚さにスライスして、サラダ菜を敷いた器に盛りつける。仕上げに塩をパラパラとふり、粒マスタードを添える。

※ 強火で熱したフライパンで、肉の表面を焼いてカリッとさせてもおいしい。

材料（2人分）

豚肩ロース肉 ……………… 300g（３㎝厚さのもの１枚）
塩 …………………………………………… 小さじ２
オリーブオイル ………………………… カップ¼
にんにくのすりおろし ……………… 小さじ１
サラダ菜 …………………………………… 適量
粒マスタード …………………………… 適宜
塩（仕上げ用）………………………… 小さじ¼

魚のオリーブオイルロースト

撮影用に立派なお魚を使いましたが（笑）、庶民の味方、さんまやいわしで作ってもおいしいです。意外とたくさん塩を使いますが、魚の身にはそこまで浸透しないのでご安心を。キリッと冷やしたワインがいいなぁ。赤も少し冷やしたものが合います。

材料（2人分）

かさごやめばる、あじなど……400g程度（200g×2尾）
塩……小さじ2
※多いようだがオイルにとけるのでOK。
プチトマト……8個
オリーブオイル……大さじ3
ローズマリー……1枝
パセリのみじん切り、レモンの絞り汁……各適宜

1 魚はうろこやえら、内臓を取り除く（お店にお願いしてやってもらっても！）。塩をして10分ほどおく。
2 耐熱容器に魚をのせ、オリーブオイルをかける。プチトマトは半分に切って、散らす。
3 200度のオーブンで12～15分焼く。表面はカリッと、裏面はしっとりした仕上がりになればでき上がり。ローズマリーの香りをつけたい場合は、10分ほど焼いてから加える。お好みでパセリをふり、レモンをたっぷりかけていただく。

サワークリームのブラマンジェ オレンジ風味

牛乳だけで作るのとは違い、サワークリームを少し入れると、よりさっぱりした口当たりのブラマンジェに。ない場合は、生クリームを多めに加えて代用しても。オレンジの風味が爽やかで、おなかいっぱいでも入っちゃいます。

材料（2人分）

牛乳	カップ¾
生クリーム	カップ½
サワークリーム	大さじ3
板ゼラチン	4g
グラニュー糖	大さじ4
オレンジの絞り汁	大さじ1
オレンジの皮のすりおろし	⅛個分

1 ひたひたの水（分量外）に板ゼラチンを入れてふやかしておく。

2 耐熱のボウルに牛乳を入れて電子レンジで2分ほど加熱する。温かいうちに、軽く水けを絞った1、グラニュー糖を加えてよくとかす。

3 2に生クリーム、サワークリームとオレンジの絞り汁、オレンジの皮を加え、バットなどに入れて冷蔵庫で冷やし固める。スプーンなどですくって盛りつけ、オレンジの皮のすりおろし（分量外）を飾る。あらかじめ、いただく器で冷やし固めてもOK。

フルーツチョコレートソース

たくさんお酒を飲む場合(私の場合)たくさんデザートを食べていたら、ビッグになってしまいます。というわけで、これくらいあっさりと、そして簡単なデザートもおすすめ。ポートワインといただくのも、大人っぽくていいですよ!

1 チョコレートソースを作る。ソースの材料を耐熱のボウルに入れ、40秒ほど電子レンジで加熱してよく混ぜる。まだ固いようだったら、さらに10秒ずつ加熱して様子を見ながら、トロトロのソースにする。

2 お好みのフルーツは食べやすい大きさに刻んで器に盛りつけ、1 のソースをかけていただく。

材料(2〜3人分)

チョコレートソース

- 板チョコレート……1枚(50g)
- コアントローまたはグランマニエ……大さじ1
- 水……大さじ1

お好みのフルーツ

- ブルーベリー、バナナ、いちご、キウイフルーツ、桃、洋梨など……適量

アーモンドクッキー

ワイン好きの方に好かれるような気がするデザートです。ビスコッティのような味わいで、作り方はとっても簡単。コーンミールがなければその分、薄力粉を増やしてください。甘口リースリングといかがでしょう？

材料（5〜6人分）

皮つきアーモンド（製菓用の生）	100g
バター	100g
グラニュー糖	カップ½
卵	1個
コーンスターチ	カップ½
コーンミールまたは薄力粉	カップ½
薄力粉	カップ½
バニラエッセンス	3滴
レモンの皮のすりおろし	½個分

1 アーモンドはポリ袋に入れてたたき、半分程度になるくらいに粗く砕いておく。
2 フードプロセッサーにすべての材料を入れる。15秒ほど攪拌して、ポロポロしたクランブル状態にする（ひとつのかたまりにしなくてOK）。オーブンは180度に予熱しておく。
3 オーブンシートを敷いて2の生地をのせ、直径18㎝くらいの円形になるようにまとめる。180度のオーブンで15分、160度に下げてさらに15分焼く。お好みの大きさにちぎっていただく。

PART 4

ワインをもっと おいしく楽しく飲もう

飲みたいワインが見つかったら、あとは飲むだけ！　……ですが、どんなコンディションで飲むかで味わいが変わってくるのがワインのおもしろいところ。こちらではワインがもっとおいしくなるヒントをお教えします。

飲むグラスを選ぼう

形、質感、大きさ、さまざまなグラスがありますが、ワインをおいしくいただくには、５つの条件があります。「大きさがある」「透明である」「口に当たる部分のガラスが薄い」「温度を変化させぬステム（脚）がある」「割っても後悔しない価格である」というものです。ブドウ品種によってグラスを替えるという方法もありますが、酔っ払って最後に洗うのは自分。拭くのも自分。ならばおうちでは、２種類のグラスがあれば十分です。

ひとつは大きめのボルドー型グラス。もうひとつはシャンパングラスです。白、赤と2種類揃えるよりは、大きめのボルドー型（６００㎖ほど入るもの）でどんな白も赤も飲んでしまうというのがおすすめです。白から赤にかわるときは、水を入れてグルグル回し、飲み干せばよいかと思います（おうちで飲むのはお友達ですから！）。シャンパングラスは泡の美しさが引き立つほうが飲んでいるときに気分がよいので、フルート型をおすすめします。

一度にグラスに入れる量は、１００㎖が目安です。これくらいならば、ちょっと回して、立ち上る香りを楽しむことができます。グラスを選ぶときはまとめて買うのではなく、ひとつ買ってはワインを入れて味見をしてみることをおすすめします。

泡立ちが美しい
シャンパングラスを

まずほしい１つめは
赤用の大きめグラス

繊細な泡を愛でられる
フルート型

スパークリングワインの立ち上る泡が楽しめるのは、細長いこの形。飲みほしたら、水用のグラスとして使いましょう。

ヴィノム　シャンパーニュ
3500円／リーデル青山本店

名門リーデルの新定番は
ステムの細さが美しい

１杯めのスパークリングワインから、白→赤へとこの形なら使い回せます。エレガントな形状で、グラスを持つ手も美しく見える逸品。

リーデル・ヴェリタス　カベルネ／メルロ
4000円／リーデル青山本店

ホームパーティーにおすすめ！　グラスアクセサリー

グラスをおしゃれに彩る“美マーカー”

アクセサリーをまとう感覚で使いたい。バリエーションは全20種。WINE THINGS UNLIMITED グラスマーカー Vineyard 1800円／三山

カラフルなキャラでグラスをマーク

シリコン製の吸盤式なので密着力は抜群。12種入り。バキュバン グラスマーカー 1200円／ジャパンインターナショナルコマース

ボトルはカッコよく開けよう

慣れているつもりでも、たまに失敗することもあるコルクの抜き方。
ソムリエの越智さんに、スムーズかつ美しい開け方をあらためて教えてもらいました。

【*スティルワインの場合】

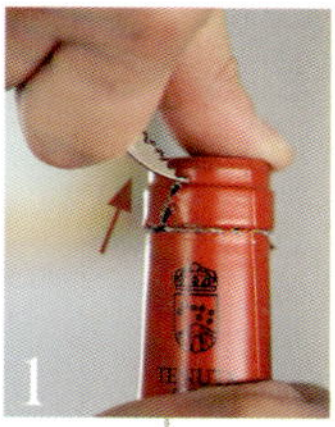

出っぱった部分のキャップシールにナイフで縦の切り目を入れる。

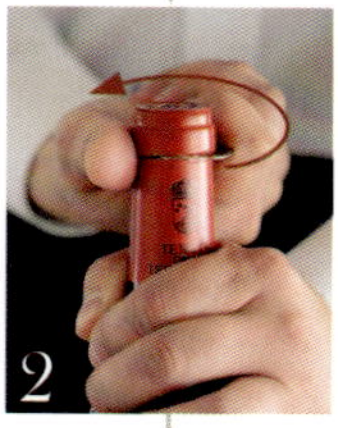

１の切れ線を始点に、出っぱり部分の下を半周ほどカットする。

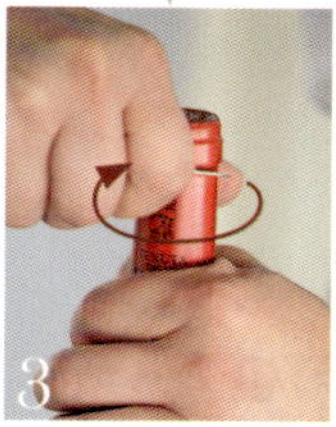

２と同じ要領で、残り半周を切る。ワインを回さず手を回転させて。

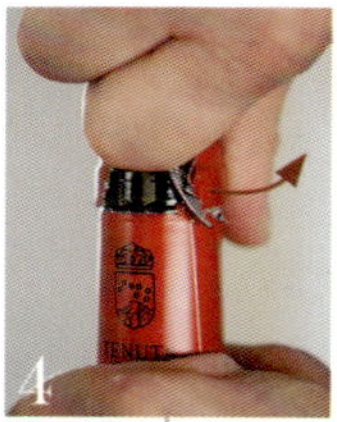

１の切れ目に刃を当てて、キャップシールの半分を引きはがす。

残り半分も同じようにはがす。コルクの上に汚れがあれば拭き取る。

スクリューを中央に刺しやすくするため、ボトルを約45度傾ける。

スクリューの先をコルク中央に垂直に刺す。曲がらないように！

ボトルを立て直し、まっすぐ下にスクリューを巻き入れていく。

9

短いコルクの突き抜けを防ぐため、スクリューを２巻きほど残す。

10

ボトルの口にかけたフックの先を、片方の人指し指で押さえる。

11

柄の部分を持ち、垂直に引き上げ、コルクをゆっくりと引き上げる。

12

一度で抜けなければ、再びスクリューを２巻き残した状態まで巻く。

13

コルクが残り5㎜になったら、スクリューを垂直に上げる。

14

コルクを手で包み、静かに引き抜く。〝ポン〟と音を立てるのはNG。

【スクリューキャップの場合】

キャップ自体をひねるより、スマートに美しく開ける方法がこちら。「キャップそのものでなく、キャップの下のほうを押さえて回すとエレガントな印象になります」。

＊ワインは「泡がないもの」「泡があるもの」の２種類に分けられます。
「泡なし」をスティルワインと呼び、「泡あり」をスパークリングワインと呼びます。
＊行正り香ブログ「FOOD／DAYS」では、動画でボトルの開け方をご覧いただけます。

【スパークリングワインの場合】

1
よく冷えていることを確認後、栓を覆ったキャップシールをはがす。

2
親指でコルクをしっかりと押さえながら、反対の手で金具を緩める。

3
金具とコルクをしっかり押さえながら握り、反対の手を底に添える。

4
ボトルを斜めに持ち、コルクは固定したまま、瓶をゆっくりと回す。

5
コルクを傾けて隙間からガスを少しずつ抜くと、音が立たず上品に。

赤ワインは早めに抜栓しよう

ボトルを開けたら、ワインはすぐに変化し始めます。特に赤ワインにおいては、「息をさせる（エアレーション）」ことが大切だといわれます。デキャンタージュといって、別の容器にワインを移して空気にわざと触れさせることもあります。私は新世界の赤ワインなら、飲む30分～１時間前に、旧世界の赤は２～３時間前に開けておきます。ボルドー、イタリア北部のワインは、前日に開けてコルクをし直すものもあります。イタリアの友人が「昨日から開けておいたからね」と言って出されたワインが驚くほどおいしかったので、同じワインを買って実験してみたら、前日に開けたほうはその日に開けたものとは比べものにならないエレガントさが感じられたのです。赤ワインには立ち上がる十分な時間を与え、飲んでみて今がおいしい！　と感じたらワインストッパーで空気を抜いて、ごはんタイムまで待ちましょう。

驚異の酸化防止力を誇るストッパー

空気を完全に遮断するシリコンを採用し、内蔵のカーボンフィルターがボトル内の酸素を吸着。酸化原因を排除することで、おいしさを長時間保つ。プルテックス アンチ・オックス 2200円／ワイン・アクセサリーズ・クリエイション

固いコルクも簡単。スピーディに抜栓

スクリューを一方向に巻き続けるだけで、あっという間にコルクの抜き取りが完了。握力が弱い女性やお年寄りのプレゼントにもぴったり。バキュバン コルクスクリューツイスター 1900円／ジャパンインターナショナルコマース

最高級品の使用感をお手頃な価格で

名品“シャトー・ラギオール”と同じメーカーが製造。人間工学に基づいてパーツが配置されている。開け心地のよさは世界最高レベル。ドゥルック ソムリエナイフ（リベットなし）5500円／ワイン・アクセサリーズ・クリエイション

かぶせるだけでボトルクーラーに

冷凍庫で冷やしてからワインにかぶせれば、長時間冷たいワインを楽しめる。バーベキューなど、“外飲み” シーンで大活躍。ル・クルーゼ アイスクーラー スリーブ チェリーレッド 2300円／ワイン・アクセサリーズ・クリエイション

シャンパンラバーなら絶対ほしい！

コルクの上にかぶせて両側の金具を握り、左右に揺らすだけで抜栓できるスマートさが魅力。気抜け予防ストッパーとしても優秀。プルテックス シャンパンオープナー＆ストッパー 1700円／ワイン・アクセサリーズ・クリエイション

力もコツも不要！超簡単オープナー

科学的な研究から開発されたスクリューが秀逸。コルクにまっすぐ入るよう計算され、あとはハンドルを回せばコルクが上がってくる便利品。ル・クルーゼ PM-100 ポケットモデル 2300円／ワイン・アクセサリーズ・クリエイション

ワインをカッコよく美しく飲もう

ワインバーやレストランのソムリエのように美しく注ぐのは、意外と難しくありません。エレガントに飲む方法とともにご紹介します。

注ぎ方

【スティルワインの場合】

エチケット（ラベル）を上に向け、ボトルの底を包み込むように手を添えるのがソムリエ流。注ぐ量は、赤も白もワイングラスの一番ふくらんだ部分を上限に。入れすぎると酸化して味が落ちることもあるので注意。

握力がない人は……

写真のようにエチケットの裏側に手を添えるように持つと、負担が軽くなり、見た目もいい。

【スパークリングワインの場合】

スパークリングワインは、とても繊細。多く入れすぎると発泡感が飛びやすく、味も落ちてしまうので、注ぐ量はグラスの半分程度に。泡の質感を保つには、ボトルから細い線になるように注いでいくとベスト。

味わい方

上：グラス本体を持つのは間違ってはいませんが、ワインの温度が上がるので、私はグラスの脚を持ちます。下：グラスを回すとき、時計回りにすると、ワインが上から飛び散る恐れも。

エレガントにグラスを持つなら、指先が手首より下になるように。

ワインの色をチェック。ブドウ品種の違いや、熟成度を視覚で楽しむ。

ワインによって香りは千差万別。香りをしっかり感じて個性を堪能。

もの足りなさを感じたら、グラスを左回りに回して空気を混ぜて。

ワインをゆっくり含み、舌の上をころがして、じっくり味わおう。

ワインの味が変わる「ポアラー」って何？

ボトルの口につけて注ぐだけで、ポアラー内部に開いた穴が空気をたっぷり取り込んでワインと混ざり、熟成のスピードが加速。酸味が気になる固いワインを飲み頃に変身させることができる。リーズナブルな若いワインをよりおいしく飲むための名脇役。デキャンティングポアラー セレクション 3400円／ワイン・アクセサリーズ・クリエイション

ワインをおいしく冷やそう

ワインを好きになると、セラーを買いたくなります。でも場所をとる。電気代もかかる。というわけで、我が家にセラーはありません。ワインはたくさんありますが、温度変化の少ない北の部屋のクローゼットに置いています。コルクがおかしくなったり、ワインが漏れたりしたことは一度もありません(笑)。ワインは集めるものではなく、飲むものだと思っているので、数ヵ月ならば許してくれる、と感じています。

そこで、セラーがない場合のワインの冷やし方をご紹介。白は酸味が強いソーヴィニヨン・ブランのような辛口ならば、4時間前には冷蔵庫に入れます。コクのあるシャルドネなども同様に冷やし、飲む20分ほど前に冷蔵庫から出しておきます。赤も1時間前には冷蔵庫に。口に含んだときにほんのり冷たいほうが、締まりがあっておいしいと感じるからです。シャンパンは前日から冷やしておくことをおすすめします。ぬるいと泡立ちも悪く、注いでも美しくありません。泡は魔法です。大切にしましょう。

【ワインストッパーを正しく使おう】

飲み残したワインを新鮮なまま保つには、酸化の原因となるボトル内の酸素を取り除くことが重要。ワインストッパーは、ポンプでボトル内を真空状態にすることで、ワインの劣化を防いでくれる。しっかり密着させて内部の空気を抜き取ることが大切。バキュバン ブリスターパック V-15 1540円／ジャパンインターナショナルコマース

ワインとジャズ

どんな音楽もワインには合いますが、私にとっての一番はジャズです。例えばマイルス・デイビスの名盤、『いつか王子様が』を聴いてみましょう。トランペッターはマイルス、サックスはジョン・コルトレーン、ピアノはウェントン・ケリー。巨匠たちが互いに協調しながら、一枚のアルバムを創り上げています。あるとき、ピアノが1音はずれたかなと思ったら、サックスがカバーする、ドラムスがカバーする。後から音を調整したりできない時代だから、一回きりのテイクで、互いに最大のエネルギーを出し合っています。それがある意味、ワイン造りと、とても似ています。ワインは、ブドウと土壌、太陽、風、雨、そして醸造家が協力し合って創り上げる産物です。ジャズと同じで、それぞれのプレーヤーが完璧ということはなく、それぞれに欠けている部分はある。けれど最後に、産物を超えたアートができ上がる。それは人に忘れがたい香りと印象を残し、音楽のように、創られては消えていく。ある意味、聴き手、そして飲み手である人間だって同じです。いつかは消えていく。その消えていく者同士が一瞬を共有し、時間を積み重ねていけることは、なんて素敵なことなんだろう。たとえこの時間を共有できるパートナーがいなかったとしても、ここにマイルスと、コルトレーンと、ウェントン、そして彼らをつなぐワインが存在する。

みなさんとワイン、そしてジャズをひき合わすべく、おすすめの曲をブドウ品種に合わせてセレクトしてみました。

透明感のあるソーヴィニヨン・ブラン&キース・ジャレット『Don't Ever Leave Me』／優しいリースリング&エラ・フィッツジェラルド『Someone to Watch Over Me』／広がりあるシャルドネ&オスカー・ピーターソン『Over the Rainbow』／深いカベルネ・ソーヴィニヨン&ジョン・コルトレーン、ジョニー・ハートマン『My One and Only Love』／柔らかなメルロー&マイルス・デイビス『It Never Entered My Mind』／エレガントで品のよいピノ・ノワール&ビル・エバンス『My Foolish Heart』。ジャズとワインの時間を、お楽しみいただけますよう。

PART 5

ワインカントリーを旅しよう

ワインカントリーへの旅をご一緒しませんか？　行き先はカリフォルニア、イタリア、フランス、スペイン、そしてドイツ。オーストラリアもニュージーランドもお連れしたいのだけど、それはまた今度。ワインが好きになったなら、一度ワイナリーを訪ねてみるのも楽しいものですよ。

カリフォルニアを旅しよう

　旅の最初の行き先はカリフォルニアです。空港で車を借りて、北に1時間半ほどドライブすると、そこはワインカントリー。私の第二の故郷です。1年間の留学が終わり、高卒で仕事を始めようと思っていた頃、ホストファミリーの父が「近くのコミュニティカレッジに行きなさい。仕事をあげるから」と18歳の私にチャンスを与えてくれた場所です。

　こちらサンタ・ローザからは、まずはピノ・ノワールやシャルドネの名産地、ソノマに行ってみましょう。ヒルズバーグという町は、古きよきアメリカらしさがあり、ブドウ畑の風景はイタリアのトスカーナのようです。こちらには高校時代の親友、ヘザーが住んでいて、旦那さまはワインメーカーのボブ・カブレルです。かつてウィリアムズ・セリエムというワイナリーのピノ・ノワールのレベルを引き上げた人で、お宅に泊まりにいくとボトルをいくつも持ってきて、これはロシアン・リバー、これはソノマ・コースト、と飲ませてくださいます。香りが部屋中に立ち上り、「ピノは香りのワインなのだ」と教えてもらいました。ボブのお宅のご近所には、フリーマン・ヴィンヤード・ワイナリーもあります。こちらはアキコ・フリーマンさんがご主人のケンさんと始めたワイナリー。創業当時にはボブ同様、ピノ・ノワールではトップの造り手、エド・カッツマンを迎え、エレガントなワインを造っておられます（こちらのワインは新橋のレストラン／Ｐ１３５にも置いております！）。アキコさんのワイナリーでブドウ畑を歩いているとき、「いいなぁ。私もこんなところでワインを造ってみたいな」と一瞬、夢を見てしまいました。

　丘陵地帯のソノマから、今度は平原地帯のナパ・ヴァレーに行ってみましょう。こちらは有名ワイナリーが立ち並ぶ、カリフォルニアワインのメッカです。大手ワイナリーはいろいろな試飲ツアーを組んでいるので、チャンスがあったら見学してみてください。よいワイナリーほど、おもしろみがないくらいに清潔です（笑）。清潔さと整理整頓の上に、一定レベルの味が成り立っているのです。料理とキッチンの関係と同じですね。このあたりには素敵なＢ＆Ｂもたくさんあり、そしてナパにはワインと食事を楽しみながらワイナリーの間を走る、ワイントレインも走っています。ヨントヴィルというかわいらしい町は、おいしいレストランが集まる美食エリアでもあります。ぜひ訪れてみてくださいね。

さて、ナパ・ヴァレーから次はサンフランシスコに移動いたしましょう。1日あれば、観光スポットを回れるくらいのサイズです。夜景が美しいノブ・ヒル、食のエンターテイメントにチャレンジするフェリービルディング、飲茶がおいしいチャイナタウン、そしてオーガニックのショップやカフェが立ち並ぶヘイトアシュベリーは、ぜひ立ち寄っていただきたいスポットです。

北カリフォルニアはまた、食のパイオニアが集まる場所。大学時代を過ごしたバークレーには、『シェ・パニース』というレストランがあり、オーナーのアリス・ウォータースは、その頃から〝Farm to Table〟というムーブメントを起こしていました。現状をよりよい方向に開拓していくアメリカ人の精神が、ワインも食もビジネスも、そして人の価値観も進化させていっているのかもしれません。北カリフォルニアは私にとって、セカンドチャンスをくれた場所です。日本では成績どん底の高校生で、英語も話せず、お金もない、短大すら行く意思がなかった私に、「簡単に諦めずに、こうしたほうがいいよ」「あなたは食べるのが好きだから、うちに住み込みをして料理をしたらいいよ」とアドバイスを、そして18歳の私に仕事をくれる大人たちがいた。だから私はアメリカで勉強をすることができ、料理に出会い、世界のワインに出会うことができた。小さなきっかけや小さな出会いが、人生をどれだけ方向転換させてくれるかは、本当にわかりません。だからいつもオープンハートで。そしてみなさんもぜひ、オープンハートなカリフォルニアへ。

左ページは懐かしき私のカリフォルニア、その次のページからは、具体的な旅をしたワイナリーやショップの詳しい情報をお伝えします。

一番リピートしているのはステーキハウス。「Ruth's Chris Steak House」のリブアイとフィレは最高。

カリフォルニアのメキシコ料理もぜひ。山の風景は、ホストファミリーの家からのもの。

山の生活で寂しくなってバラを育ててみたら、鹿に食べられてしまったりも。

ワインを教えてくれた友人ナディーンのエレガントな家は、私のインテリアのお手本です。

始まりは、2001年に３エーカーの土地をネットで見つけたときから。少しずつ土地を買い足し、ブドウ畑を有機農法へと切り替えていった。丘を利用したワインカーブも完備。

FREEMAN
フリーマン・ヴィンヤード・ワイナリー

ブルゴーニュ好きの夫妻がスタート

現在、ワインメーカーは日本生まれのアキコ・フリーマンさん。ニューヨークで出会った夫のケンさんとともに、ふたりともが大好きだというピノ・ノワールとシャルドネを生産している。フラッグシップともいえる〝アキコズ・キュベ　ピノ・ノワール〟は特におすすめ。「香りが華やか。酸のバランスもよく、シルキーで余韻が長い。ブルゴーニュとカリフォルニアの〝いいとこ取り〟をしたような繊細な味わい」。日本では成城石井などで購入可能。

ワインのラベルは、アキコさんの弟（アーティスト）の作品。右の〝涼風シャルドネ〟は、「ワイナリー・ディナーを開くときに、白がないのは不便」という理由で造られ始めた。2015年、安倍首相が出席したホワイトハウスでの晩餐会で供されたことでも話題に。

DATA 訪問は要予約（メールまたは電話で）。無料試飲あり。
1300 Montgomery Road Sebastopol, CA95472
(707) 823-6937
www.freemanwinery.com

SCRIBE
スクライブ・ワイナリー

少量生産でオーガニックにこだわった自然派

七面鳥の牧場だった土地をオーナーが31歳のときに買い取って始めた、気鋭のワイナリー。リースリングやシルヴァーナーなどドイツ系の品種にこだわりあり。おすすめは〝スクライブ2012シャルドネ〟。ステンレスタンクによる発酵で、「カリフォルニアのシャルドネっぽくないライトな味わいで、食中酒として活躍しそう」。

DATA 訪問は要予約（HPから申し込み可能）。有料試飲あり。
2300 Napa Road Sonoma, CA95476
(707) 939-1858
www.scribewinery.com

BUENA VISTA
ブエナ・ヴィスタワイナリー

〝美しい景色〟という名の歴史あるワイナリー

1857年に創業したソノマ初のワイナリー。由緒ある建物を巡りながらワイン造りを学べるツアーなど、バラエティに富んだテイスティングコースが人気。あらかじめ予約してから訪れたい。試飲では「ここでしか味わえない、ピノ・ノワール100%のエレガントな〝otelia's selection〟をぜひ」。日本へは4種類を輸出している。

DATA 予約なしで訪問可能。
ワインをブレンドするワークショップつきのテイスティングなどは要予約（HPから申し込み可能）。
18000 Old Winery Road Sonoma,CA95476
(800) 926-1266
www.buenavistawinery.com

PARADISE RIDGE
パラダイス・リッジ・ワイナリー

日本にゆかりのあるアートなワイナリー

1860年代、薩摩藩の長澤鼎と11人の日本人がこの地でブドウ栽培を始めたことに端を発するという、ユニークな歴史を持つワイナリー。敷地内にその当時の様子がわかる展示があり、見学もできる。ワイナリー内に点在するモダンアートは、購入も可能だという。"パラダイスリッジ　ソーヴィニヨン・ブラン"は、「フレッシュな香りとさっぱりした味わいで、和食と相性がよさそう。お寿司にも。実は、このワイナリーのすぐ裏に住んでいました！」

DATA 訪問は要予約。ピザとのペアリングなどスペシャルな試飲もあり。
4545 Thomas Lake Harris Drive Santa Rosa, CA95403
(707) 528-9463　www.prwinery.com

DOMAINE CARNEROS
ドメーヌ・カーネロス

名門・テタンジェが進出。「NVをぜひ試してみて」

フランス・シャンパーニュ地方の名門、テタンジェ社がナパへ進出。自社畑すべてが有機栽培の認証を受けるなど、ブドウ造りから力を入れ、シャンパーニュと同じ瓶内２次発酵方式でスパークリングワインを造っている。定番は、ピノ・ノワール50%、シャルドネ50%で造るノンヴィンテージの"ドメーヌ・カーネロス"。「上質なシャンパーニュの味わい。ドライすぎず、果実味もありつつ、エレガントさも」。日本へは３種類を輸出している。

DATA 予約なしで訪問可能。有料試飲ほか、製造過程を見学できるツアーもあり。
1240 Duhig Road,Napa, CA94559
(707) 257-0101
www.domainecarneros.com

ORGANIC MARKET

ドロレスパークから歩いて約５分と近い場所にあるので、ここでフルーツやサンドイッチ、ドリンクなどを買ってピクニックをしても。ローカル気分を味わえる。

Bi-Rite
バイライト マーケット

食意識の高い地元住民に愛される店

カリフォルニアの中でもサンフランシスコ近郊で生産されたものに限定した、文字通り、地産地消のスーパーマーケット。野菜にはすべて生産者の名前と、どう作られたかが明記。肉もエサの種類まで記されている。パンやチーズ、コーヒーやジャム類など、地元ブランドからセレクトされた棚は一見の価値あり。旅行者は、おみやげ探しがてらのぞいてみては。系列店の「バイライト クリーマリー＆ベイクショップ」のアイスクリームも人気。

DATA 3639 18th St.
San Francisco,CA94110
(415) 241-9760
www.biritemarket.com

Local Mission
ローカルミッション マーケット

朝食やランチに活用したい ローカル100%のスーパー

店から半径100マイル以内のものしか置かない、という徹底した地元主義のお店。店内に大きなキッチンがあり、スープやソース、パンなどを作っている。店でも買えるほか、近くのレストラン「ローカルミッション イータリー」で食べることも可能。厳選されたオリーブオイルやバルサミコ酢、穀類などは、少量からでも購入できる。

DATA 2670 Harrison St.
San Francisco,CA94110
(415) 795-3355
www.localmissionmarket.com

Whole foods
ホールフーズ

オーガニック食材、デリ、化粧品からフードコートまで

全米に展開しているナチュラル系スーパー、ホールフーズも、サンフランシスコのマーケットストリート店は別格。種類豊富なホームメイドのデリに、ナッツをその場でフレッシュなクリームにできるコーナー、グラノーラやスーパーフードなど、日本でも話題のアイテムの充実度はピカイチ。コールドプレスのジューススタンドやフードコートもあり、軽く食事したいときにも使える。ローカルメイドの雑貨やコスメの品揃えも抜群なので、おみやげに悩んだときはこちらへ。

DATA 2001 Market St.
San Francisco,CA94114
(415) 626-1430
www.wholefoodsmarket.com

Ferry Plaza Farmers Market
フェリープラザ ファーマーズマーケット

旬のサンフランシスコが体験できる!

“ファーマーズマーケット”とは、卸業者抜きで、農家の人が直接販売している市場のこと。ここ、フェリープラザは毎週2万5000人もの人が訪れ、その中には有名シェフの姿もあるという、全米でもトップのマーケット。ここでしか買えない、はちみつ、ジャム、オイル、手作りスイーツといった食品のほか、バスソルトやエッセンシャルオイルなどのコスメ類まで揃う。サンドイッチやタコス、ロテサリーチキンなど、B級屋台グルメもおいしい。

DATA 1 Ferry Building,Suite50
San Francisco,CA94111
(415) 291-3276 www.cuesa.org

訪れるべきはフェリービルディング

ウォーターフロントにあるフェリービルディングは、地元住民から観光客まで訪れる人気スポット。ファーマーズマーケットは、火・木・土曜の限定オープンだが、こちらのビルは通年営業。ローカル色が強く、かつ洗練されたショップが多数入っているほか、人気のベトナミーズやイタリアンなどグルメも充実。観光で外せない場所No.1。

DATA フェリービルディング マーケットプレイス
1 Ferry Building the Embarcadero at Market Street
(415) 693-0996 www.ferrybuildingmarketplace.com

The Mill
ザ・ミル

エコフレンドリーで
居心地のいいカフェ

オーガニック素材やロースト方法にこだわった〝サードウェーブコーヒー〟の代表格のひとつ、フォーバレルの２号店。ビーガンやグルテンフリーのメニューもあり、地元客でいつも混んでいる。定番人気は、オリジナルの「ジョージーベイカーブレッド」のパンにホームメイドジャムをのせたトースト と、ダークローストのコーヒー。

DATA 736　Divisadero St.
San Francisco,CA94117
(415) 345-1953　www.themillsf.com

CAFE & BAKERY

TartineBakery
タルティーヌベーカリー

焼きたてを求めて
長蛇の列ができる

早朝のオープンから閉店まで、客足が途絶えることのないベーカリー。オーナーのチャドさんは、在来種の小麦を使ったオーガニックパンの第一人者。新世代のパン職人としてすでに３冊の本を出している。自らが焼く定番のカントリーブレッドのほか、妻のエリザベスさんが作るフランス仕込みのペストリーやタルトも人気。朝食にひと休みにランチに、並ぶことを覚悟してでも訪れる価値あり。地元住民とともに、店内のカフェで味わいたい。

DATA 600　Guerrero St.
San Francisco,CA94110
(415) 487-2600
www.tartinebakery.com

気軽にテイスティングしたいなら

ビオディナミ認証を受けたワイナリー、「ケイメン エステート」がソノマ市内にオープンしたテイスティングショップ。オーナーは『ベスト・キッド』、『トランスポーター』などの映画脚本家、ロバート・マーク・ケイメン氏。彼が書いたセリフがデザインされたスタイリッシュな店内で、ワインの試飲と購入が予約なしでできる。

Kamen Estate Wines ケイメン エステート ワインズ
DATA 試飲つきヴィンヤードツアーは別途要予約。
111B　East Napa St.Sonoma,CA95476
(707) 938-7292
www.kamenwines.com

予約して訪れたいレストランは

「シェ・パニース」は、オーガニック＆スローフードの祖、アリス・ウォータースのレストラン＆カフェ。予約困難な人気店だが、カリフォルニアキュイジーヌのルーツを体験したい。おすすめは２階。席も取りやすく、料理もカジュアルで居心地よい空間です。「ブション」は、全米一予約が取れないといわれる３つ星レストラン「フレンチランドリー」の姉妹店。スーパーシェフ、トーマス・ケラーの味をクラシックな雰囲気のビストロで。

Chez Panisse シェ・パニース
DATA 1517　Shattuck Ave. Berkeley,CA94709-1516
(510) 548-5525／レストラン
(510) 548-5049／カフェ
www.chezpanisse.com

BOUCHON ブション
DATA 6534 Washington St. Yountville,CA94599
(707) 944-8037
bouchonbistro.com

ベイエリアという場所

アメリカの一地方であるこの地が、世界のオーガニック文化に大きな影響を与えた理由を、アリス・ウォータースはこう語る。「ベイエリアは、新しいアイデアにオープンで、ヘルシーな生活に関心の高い人々が多い地域です。さらに、人の流動性も高い。そして温暖な気候ということもあり、オーガニックな農法を取り入れやすかったのです。サステイナブルなライフスタイルと、おいしいフードライフは切っても切れない関係ですからね」。ワインと食を通じて、その片鱗に出会いたい。

カルフォルニアの旅のHOW TO

ワインカントリー、ナパとソノマへの入口はサンフランシスコ。
これらの街を旅するためのおすすめインフォメーションをご紹介します。

HOTEL

ステイ先は目的に合わせてセレクトしよう

サンフランシスコ市内なら、観光や買い物、食事にも便利なダウンタウンにあるデザイナーズホテルが快適だし、ナパやソノマなどのカントリーサイドなら解放感のあるフレンチヴィラでゆったり過ごすのが気分！ステイ先は目的別にリストアップするのが正解。

San Francisco
サンフランシスコ

ヒッチコックの名作映画『めまい（ヴァーティゴ）』がテーマのヒップなデザイナーズホテル。室内はオレンジをキーカラーとして、ユニークなフォルムのオブジェが飾られ、モダンなセンスでまとめられている。サンフランシスコ市内なら、どこでも行きやすい立地が嬉しい。

DATA HOTEL VERTIGO ホテル ヴァーティゴ
940 Sutter St.San Francisco,CA94109
(415) 885-6800 www.hotelvertigosf.com

Sonoma County
ソノマ

ワインリゾートを象徴するようなロマンティックなヴィラ。敷地内にはファインダイニング『John Ash & Co.』もあり、食も満足できる。周辺のワイナリーを巡るランニングプログラムやスパなども充実。日中、ワイナリーを楽しんだら、夜はこんなアコモデーションでのんびりしたい。

DATA VINTNERS INN
ヴィントナーズイン
4350 Barnes Rd. Santa Rosa, CA95403
(800) 421-2584
www.vintnersinn.com

AIR

ワンランク上の旅を追求するならANAで

旅慣れた人たちの間で注目を集めているのがANAのボーイング787、成田⇔サンノゼ直行便。サンノゼ空港からサンフランシスコ市内までは約70分。サンフランシスコ空港に比べると、とにかく入国がスムーズなので、時間を有効に使いたい人、車で効率よく回りたい人にとっては、とても魅力的な路線となっている。ビジネスクラスは、フルフラットシート（写真）＆世界の有名シェフたちとコラボした5スター級のミールで、心地いい時間を過ごせる。

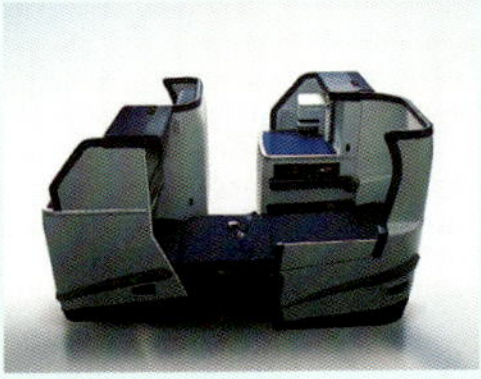

ビジネスクラスでは、快適さを追求したスタッガードシートを採用。

ANA www.ana.co.jp/

RENTAL CAR

日本語音声カーナビ付きレンタカーで移動も楽々

サンフランシスコ市内からソノマやナパ・ヴァレーまで足を伸ばすなら、やっぱりレンタカーが楽ちん。ワイナリー巡りもフットワーク軽く実現できる。アメリカに強いネットワークを持つハーツなら、旅のスタイルに合わせて車種を選択でき、日本語対応のカーナビ「NeverLost®」のサポート付きだから安心。日本から保険や税金込みのプランも予約できるから、英語のやりとりも最小限で済む。

DATA ハーツレンタカー予約センター
0120-489882（9：00〜18：00　土日祝日・年末年始を除く）
www.hertz.com

【海外での運転について】

日本の普通免許があれば取得できる国際免許証を持っていれば、アメリカでも運転は可能。運転免許センターや試験場なら即日発行が可能で、警察署の場合だと2週間ほどかかることもある。料金は各都道府県によって異なる。左運転、右側通行のアメリカの道路では、日本以上に安全運転を心がけよう。※ハーツの場合、日本語音声対応のナビもあるので、不安な人はあらかじめ予約を。

visit California

カリフォルニア観光局 www.visitcalifornia.jp
ソノマ郡観光局 www.sonomacounty.com
サンフランシスコ観光協会 www.sf-japan.or.jp

イタリアを旅しよう

イタリアは、私にとって、離れることのできない恋人のような存在です。いろんな国に行って、いろんな国のすばらしさに出会うのに、どうしてもまた行きたくなる。よって、長年かけてさまざまなところを旅しました。車を借りてピエモンテ、ロンバルディア、トレンティーノ・アルト・アディジェからドロミテ渓谷をドライブしたり、列車に乗ってジェノバに行ったり、ヴェニスからフィレンツェへ、そしてトスカーナのポッジオというワインカントリーに滞在したり、プーリアのレッチェでは料理教室に、シチリアのタオルミーナやシラクーサに行ったり、ローマを一日中歩いてみたり。ブドウの品種同様、イタリアは多様性に溢れた州ごとの郷土色が強い国なので、一生をかけて旅をしても飽きることなどなさそうです。

イタリア全土、ブドウ畑だらけなのですが、風景として最も感動したのはトスカーナです。畑はなだらかな丘陵地帯にあり、早朝には霜が降りてきます。あちらこちらに石造りのワイナリーがあり、中世にタイムスリップしたかのような気分です。日本では「酸味が強い」と感じていたキャンティ・クラシコも、現地で飲むとそれはそれはおいしい。きっと値段も違ったのだろうけれど(笑)、何がこんなにおいしくさせるのだろう？ と聞いてみたら「飲む何時間も前にコルクを開けるのさ」と教えてくれました。ブルネッロ・ディ・モンタルチーノやアマローネなど、もっと重めのワインになったら、前日に開けてほったらかしにしておくと花開くのだそうです。さすがイタリア人。ワインに対する時間のかけ方と積み重ねのデータ、そしてこだわりが違う。こんなふうにじっくり、ゆっくり、同じものと根気よく付き合うからこそ、さまざまなことが見えてくるのかもしれません。たかがワイン。されどこだわりを持てば、単なるお酒を超えて、哲学に変わります。どんなワインを飲みたいか、どんな食事をしたいか、どんな人と一緒にいたいか、どんな話をしたいか、どんな音楽を聴きたいか。ワインのまわりに、生き方が形成されていきます。やっぱり思うのは、人生はアモーレ、マンジャーレ、カンターレ。愛と食べ物と音楽があれば、それ以上、何もいらない。

ぜひ訪れてみてください。ヴェローナで最高のワイン料理店「Antica Bottega del Vino」。

ヴェローナで必ず伺うアグリツーリズモ「Agriturismo Delo Relais」。

ドロミテ渓谷の入口、コルティーナにあるサルディーニャ料理「Leone e Anna」。ピエモンテのフレンドリーなアグリツーリズモ「Agriturismo Cinque Camini」。ジェノバでジェノバソースを味わうなら「Torattoria da Maria」。

フランスを旅しよう

　パリ、大好きです。けれど、フランスを旅してみて、私が本当に好きなのは、フランスの田舎だということがわかりました。エクサンプロヴァンス、アヴィニヨン、マルセイユ、コルマール、エズ、エスペレットやサール。どこも小さな町、一日で歩いて回れるようなところですが、細かく見ていくと、家のデザインも家具もキッチン用具も、そのすべてに個性があってかわいい。パリの重厚な雰囲気など微塵もなく、どちらかというと『魔女の宅急便』のワンシーンになりそうな、愛らしい町がたくさんあるのです。中でも〝かわいい町トップ3〟を選ぶならば、アルザス地方のコルマール、プロヴァンス地方のエズ、そしてバスク地方のサールです。コルマールは童話の世界。エズは海との共存の仕方がおもしろく、サールは山に囲まれ、登山者が集まるかわいい町です。

　フランスにも、もちろんブドウ畑がたくさんあるので、機会があると訪れているのですが、一番感動したのはサン＝テミリオンです。メドックは平原ですが、サン＝テミリオンは丘陵地帯。中世そのままの石の町で、世界遺産に選ばれています。周りにはこれ以上ないほど手をかけ、美しく整えられた畑があります。驚くことに、ピョローンとはみ出た葉っぱなどひとつもなく、全部同じ長さに切り揃えられているのです。いかにも高価なワインを生み出しそうです（笑）。町にあるショップは、ほぼすべてと言っても過言ではないほどワイン関連ショップ。美しいグラスやデキャンタ、ラギオールのワインオープナー、そしてワインの香りを覚えるための香水などが、ずらりと並んでいます。のんびり1泊したあとは、少しドライブしてポムロールへ。さらに1時間半ほどドライブするとメドック地方を訪ねることができます。ここには、これでもか～！　というほど有名なシャトーがずらりと並んでいます。なかなか敷居が高いイメージですが、せっかくなのでサントリーが経営しているシャトー・ラグランジェを訪問しました。建物も工場もお庭も、すべて美しい。手も心もかかっています。全く違う文化に入り込み、現地の人以上にワインのことを学び、何年も仕事をしている日本人の存在を感じました。そのチャレンジに敬服です。今度はブルゴーニュに行きたいなぁ。

パリでビストロを選ぶなら「Chez Michel」。フレンチバスクのエスペレットで、ホテルに泊まって食べてのんびりしたいなら「HOTEL EUZKADI」。同じくバスクのサールなら「Hotel Lastiry」。サン＝テミリオンで宿泊するなら、ガーデン付きのホテル「Au Logis des Remparts」へ。

スペインを旅しよう

あるとき「これからはスペイン語の時代だ！」と思い立ちまして、バルセロナの語学学校に通ったことがあります。結局は「トイレはどこですか？」「これはいくらですか？」くらいしか言えなくなってしまったから、本当に無駄だった(笑)。だけどスペインに出会えたことは、本当によかった。私が旅した中で一番好きになったのは、北東のバスク地方、サン・セバスチャンとオンダリビアです。何しろ食べるものが全部おいしい！

　バスクでは、ピンチョスや小さなつまみを食べさせる店が町中のいたるところにあり、そのレベルが信じられないほど高いのです。フォアグラにしても魚介類にしても、火の入りがちょうどいい。塩加減、スパイスのバランスもちょうどいい。きっとタイ人と同じように、バスク全体の味覚レベルが圧倒的に高いのではないかと思います。食事がおいしければ、ワインもおいしいのだろうと試してみると、テンプラニーリョとグルナッシュがブレンドされたリオハワインは、チョコレートのような、ブルーベリージャムのような、心地よく甘やかな香り。でも味わいは甘くはなく、シルキーでバランスがよいのです。次に試したるはリベラ・デル・デュエロ地区のワイン。こちらはもう、一生心に残る香りを持ったワインでした。

　ワイナリーもすばらしいのかなと、エルシエゴという町のマルケス・デ・リスカルに行ってみました。ここはフランク・ゲーリーというグッゲンハイム美術館をデザインした方によるワイナリーホテルがあり、ブドウ畑の中に巨大な鉄の塊がある様子は、『ハウルの動く城』のよう。ちなみにこの町、この高価なホテル以外何もなく、泊まるお金がなかった私たちは、近くの家を借りて1泊しただけ。レストランは9時までで行く場所もなく寝入ってしまい、旅としてはトホホな感じだったのですが、翌日改めて畑を観察すると、その姿に驚きました。サン＝テミリオンがきちんと美容院で髪を切っている女性だとしたら、こちら、髪はぼうぼう(葉っぱがぼうぼう。笑)。野性的です。それなのにワインは繊細で優しい。生まれ持った美しさがあれば、余計な手はかけなくてよい。生まれながらのスペイン美女のようでした。

サン・セバスチャンで、ステーキと極上ワインなら「CASA GANDARIAS」。魚料理ならば「LA PAMPA」。サーディーンなら「Bar Txepetxa」。トマトサラダとステーキなら「Bar Nestor」。朝食を食べるなら「Maiatza」。クロワッサンなら「OGi BERRi ALTUNA」。オンダリビアで、史上最高のピンチョスを味わうなら「GRAN SOL」、景色のいい屋上でアペリティフをいただけるのは、「Parador de Hondarribia」。

ドイツを旅しよう

ドイツワインに出会ったのは、親友、カリンを訪ねたときのことです。お父さんがヴェルツブルグ出身で、「フランケン地方のワインを飲んでみなさい」とグラスに注いでくれました。そのボトルが、なんともふくよかな女性のようで可愛らしかった。この白ワインは、25年以上経ってもどこか印象的だったので、ある夏、9歳、7歳の子ども2人を連れて、〝女3人ドイツ旅〟をすることにしました（子どもなのに、行ったことのある所はワインの名産地ばかり。笑）。

最初はライン川下りをして、ラインガウ地方に。「リースリングの宝庫」と呼ばれるリューデスハイムへ、そこからゴンドラに乗ってニーダヴァルトという丘に行きました。こんなに美しい風景はなかなかありません。川と丘の上に広がる畑と古い建築物がかけ合わされると、他とは違う個性的な風景を生み出すのです。丘の上に到着したのはランチ時。シュニッツェル（豚のカツレツ）とリースリングを。両方とも感激の味です。グラスワインなのに、私の頭の中の白ワインの常識が覆されるよう。フローラルな香りと、ほんのりと舌に残る酸味。静かに何杯か楽しみたいのですが、テーブルではわが子2人が激しくケンカを続けており、逃げるようにゴンドラに乗り込んでチーム撤退です。リースリングに後ろ髪を引かれるような気分で列車に乗り、そして、フランケンワインで有名なヴェルツブルグに。ロマンチック街道の起点となる街です。この町がまた、ディズニーランドのIt's A Small World のように可愛らしい。ワインの品種としてはシルヴァーナーという辛口高級品種が有名です。味わいは違いますが、バランスのよい良質なブルゴーニュワインのように、体にすーっと入ってくる感じです。旅の最終日、川辺のレストランでフランケンワインを味わいながら、無事に大人一人で〝ビースト2人〟の引率旅行が終了したことにほっとしました。

子連れ旅は決して楽ではありません。でも子どもたちの人生をこの思い出が彩ってくれる。私に残せるものはきっとそれくらいだから、彼女たちが18歳になるまで、がんばれたらいいな。娘たちよ、いつか一緒にフランケンワインを飲みながら、珍道中の写真を見返そう。

ライン川下りなら、リューデスハイム。ゴンドラに乗ってニーダヴァルト、「Rebenhaus」というレストランへ。

ロマンチック街道は可愛らしさで選ぶならローテンブルグとヴェルツブルグ。

ヴェルツブルグではワイナリー直営店の「Julius Spital」でグラスワインを。

景色を楽しむなら「Alte Mainmuhle」のテラス席。「Wurzburger Hof」は可愛いホテル。

レストランでのワインの頼み方

レストランでワインリストを出されたら、普通はドギマギします。次ページにすてきなソムリエがいるお店をピックアップしているので、こちらの事例から見ていきましょう（東京ばかりですみません！）。

〈リストは品種別、地方別、州別が基本〉

例えば、「FOOD/DAYS」と「ワイン蔵」は新世界、カリフォルニア専門です。よって、リストはブドウの「品種別」になっています。フランス料理店だと「産地別」、イタリア料理店だと「州別」がほとんど。ドイツ料理店も産地別が多いですが、「ゆううん赤坂」のワインは、品種別で選びやすくなっています。「ケ・パッキア」のように中部イタリアの料理が中心であれば、同じ中部地方のワインが豊富です。旧世界ワインは、品種の特徴を知っておくと楽しいし、選びやすいので、巻末の表やP29～36をご参照ください。

〈ワインはタイプ×値段をしっかり伝える〉

お願いしたい価格帯が先に決まっていれば、「これくらいのワインをお願いします」とワインリストをそっと指さし、さらに追加して「やや軽め」「やや重め」などと伝えてみてください。品種を伝えられたら、もっと素敵。ソムリエは「なにかおいしいものを」「おまかせします」と言われるのが一番難しいのです。また「テイスティングなさいますか？」と聞かれたときは、味見をテストされているわけではなく、何か問題ないですか？と聞いているのです。だから少し口をつけて、「いいですね。こちらでお願いします」くらいで十分です。

〈赤は先に頼んで抜栓してもらう〉

白、赤の両方を飲みたい場合、また人数が多く3～4本飲みそうだな、というときは事前にソムリエと相談しておくのがおすすめです。バランスを取りながら軽いものから重いものへと移行できるからです。また、赤は早く抜栓しておいたほうが、デキャンタするよりもおいしく飲みやすくなると思います。

料理もワインも気軽に楽しめる
雰囲気のいいイタリアン

トラットリア・ケ・パッキア

東京都港区麻布十番2-5-1
マニヴィアビル　4F
☎03-6438-1185

私が東京で一番好きなイタリアンレストランです。岡村シェフのお料理も、小田さんのワインセレクションもすばらしく、ある意味イタリアよりもイタリアなのですが、それでもなぜか、自分の実家に帰ったような気分にもさせてくれるのです。小田さんも私と同じ福岡出身なので、波長が合うのでしょうか。

蔵出し直輸入のドイツワインで
未知のおいしさを発見

ドイツワインバー ゆううん赤坂

東京都港区赤坂4-2-2　赤坂鳳月堂本店ビル5F
☎03-6426-5978
http://www.yu-un.com/bar.html

ドイツワイン専門のバーです。さまざまなドイツワインがあり、もし家の近くにあったら、いつも立ち寄ってしまいそう。ドイツから直輸入しているワインもあり、おいしいドイツワインに出会ってみたいという方にはすばらしきスポットです。やさしい友岡兄弟と、やさしいワインをぜひお試しください。

ステーキとカリフォルニアワインの
ベストマリアージュを楽しみたい

FOOD／DAYS

東京都港区新橋4-10-7　吉田ビル2F
☎03-3436-9677　https://www.facebook.com/fooddays.restaurant

アメリカンビーフとカリフォルニアワインの専門店。僭越ながら、私が料理、ワイン、インテリア、音楽などをコーディネートしております。ステーキはプライムのリブアイ。アメリカン熟成ビーフなら都内一！　と自負しております（笑）。ソムリエの越智さん、素敵です。独身です。よろしくお願いいたします。

カリフォルニアワインの魅力を
堪能したいシックなバー

ワイン蔵TOKYO

東京都港区新橋2-15-11　橘ビル6F
☎03-5251-3710
http://www.winegura.com/

都内で一番好きなワインバー。まわりは新橋のサラリーマンパラダイス。そんなところに、なぜかニューヨークのワインバーが突如現れた！　という雰囲気です。オーナーの中川さんは本当にカリフォルニアワインに詳しく、いつも私を助けてくださいます。実はですね、話もおもしろい。一人でも時々伺うバーです。

さいごに

みなさま、〝飲むリエ〟のワイン料理本なるものにお付き合いいただき、ありがとうございます。私は専門家ではないので、知識をお教えするというよりは、飲んだワインに頼って思い出したことを綴りました。「これは違う」というご指摘もあるかと思いますが、お許しいただけましたら幸いです。私にとってこの本は、ブドウ畑やワインとの思い出を振り返るとてもよい機会となりました。「ワイン本の第2弾、やってみませんか？」とお声がけくださった編集者の山本さんに最大の感謝です。さらに、ワインカントリーに滞在するチャンスをくれたマッケンファミリーに、私のワイン探求の旅に付き合ってくれる家族と友人に、そして英語も話せぬ18歳の娘に、何かよいことがあるだろうと、アメリカへと送り出してくれた両親に心から感謝です。

食事や会話、そして旅の思い出は生まれては消えていくものです。でも、大変なときに気持ちを楽にしてくれるのはワインのようなお酒であり、家族や友人との食事、交わした言葉、さらに旅の思い出や音楽ではないだろうか、と思います。私自身、ワインと料理の力を借りて、心を再生してもらった日々のなんと多いことか。

ワインは手のかかる農産物だといわれます。まずはブドウ。陽が当たらぬときは葉を取り除いて実に太陽が当たるようにし、当たりすぎるときは葉の日傘をさしてあげる。病気にならぬよう、いつも畑を歩いて、手をかけなくてはならないといいます。そして、秋を迎えて実ったブドウも、醸造段階で少しでも菌のついたタンクに入れてしまったら、すべてが台無しになる。よって、醸造家は「ワイン造りは清潔との闘いである」とも言います。どんな農産物でもそうですが、人が丹精込めて造ったものは、丹精込めて料理をし、じっくり味わってあげたい。人と人との出会いも一期一会ですが、ワインと人との出会いも、そしてみなさまとの出会いも一期一会です。

ワインに興味を持たれたら、拙著『ワインパーティーをしよう。』や、アプリ『今夜の献立、どうしよう？』で料理とワインの提案を見てみてください。ブログ「ＦＯＯＤ／ＤＡＹＳ」では、ボトルの開け方などを動画で紹介しています。参考になれば幸いです。ワインというお酒は、ウイスキーやブランデーのように一匹狼では生きていけぬ、羊のような生き物。料理や共に飲むパートナーが必要であり、だからこそ、一生学びと発見を与えてくれる存在なのかもしれません。

みなさまも、ワインという、よきパートナーに出会えますよう。

２０１５年　秋　　行正り香

WINE SHOP LIST

おすすめワインショップ

コンビニ&スーパー

気軽な一本からちょっと特別な日まで。
日常使いにベストなのはこちら。

直輸入をいかした、
産地に近いロープライスが魅力

イオン リカー

☎043・212・6543　www.aeonliquor.co.jp

日本人の嗜好に合わせたワインを世界中から厳選。直輸入品も多数揃う。プライベートブランド『トップバリュ』のワイングラスは、398円とは思えない優秀さと評判。

〝日本では西友だけ!〞の
限定お宝ワインが続々登場

合同会社 西友

東京77店舗を含む、全国に346店舗を展開。

0120・360・373　www.seiyu.co.jp

アメリカ・ウォルマート社のグローバルな流通網をフル活用し、ハイコストパフォーマンスな品揃えを実現。『アズダ』をはじめ、西友のみで入手可能なブランドに注目。

衝撃プライスの秘密は、
世界規模の大量買い付け

コストコ

全国の都市郊外に23店舗。

☎044・270・1140(川崎倉庫店)　www.costco.co.jp

その時期に飲み頃を迎える世界中のワインを常にリサーチ。いつも新しいワインに出会える回転のよさと、高品質&ロープライスでファンを魅了。

食事をおいしく引き立てる
デイリーワインがメイン

サミット

東京を中心に、関東近県に113店舗。

☎03・3318・5020　www.summitstore.co.jp

日常の食事にマッチする味わいのワインを多くセレクトしている。リーズナブルなものから、特別な日仕様のちょっとハイグレードなワインまで、ラインナップは幅広い。

500円でもおいしい発見!
隠れた〝安ウマ〞ワインの聖地

セイコーマート

北海道を中心に1172店舗を展開。

0120・89・8551　www.seicomart.co.jp

ワイン専門のバイヤーが一本一本を吟味。直接輸入することで、超お手頃価格を実現している。セイコーマートで人気のブランド『G７』は、北海道みやげとして密かに注目されている。

オーガニックや減農薬など、
自然派ワインが大充実

ナチュラルローソン

東京23区内を中心に、関東地方で114店舗を展開。

0120・07・3963　natural.lawson.co.jp

ブドウの栽培法にこだわったナチュラルワインを主体として、約140種類のワインを取り扱う(時期・点舗により変動あり)。店頭のポップにも注目を。

ワイン売場の主役は、
品安価のＰＢ『ファミコレ』

ファミリーマート

日本全国に約1万1500店舗、
アジアを中心とする海外にも5800以上出店。

0120・079・188　www.family.co.jp

産地は、低価格でも高品質なワインが豊富なチリやイタリアをメインに選定。ひとり飲みにちょうどいいハーフボトルの品揃えにも力を入れている。

初心者にも飲みやすい味、
お手頃価格のワインが揃う

ポプラ

中国地方を中心に、九州、関西、北陸、関東に525店舗展開。

0120・778・186　www.poplar-cvs.co.jp

ワインをもっと気軽に飲んでもらえるようにと、低価格帯のラインナップが充実。同系列店の『生活彩家』でも同じワインの購入が可能。

極旨ドイツワインに出会いたいなら、
こちらが絶対!

シュピーレン・ヴォルケ

☎042・533・6171
www.yu-un.com
ドイツワインの本当の魅力に出会いたいなら、こちらの専門店へ。オーナー自らワイナリーに行き、感銘を受けた逸品を取り扱う。※東京・赤坂に直営のワインバーあり（P135）。

イタリアワインが国内最大級の
5600種類以上!

トスカニー

☎03・6435・1750
www.tuscany.co.jp
バイヤーがイタリア全土を巡って発見したレアワインなど、他店では入手困難な一本と出会えるイタリアワイン専門店。オリーブオイルほか、イタリア食材も販売。

トップソムリエが評価した
ワイン30本のみをラインナップ

Firadis WINE CLUB 30

0800・222・5530
firadis.net/club30
有名レストランにも卸すフィラディスのWEBショップ。3000本の中から質にこだわった3000円以下（税込み）のワインを30本掲載。選びやすさも魅力。

お手頃から高級ワインまで、
幅広い品揃えが魅力

やまや

仙台を拠点に、東北、関東、関西に324店舗を展開
0120・115・145　www.yamaya.jp
ワインは1000円以下からあり、ショップスタッフは、親切かつ説明上手と評判。ビギナーでも気軽に通える。※ボジョレーのネット通販は3000円（税込み）以上で全国への送料が無料に。

カリフォルニアワイン専門バーの
オーナーが監修

ワイン蔵ONLINE

☎03・6427・5121
www.wine-gura.com
クオリティの高いカリフォルニアワインが揃う、東京・新橋のワインバー『ワイン蔵TOKYO』のWEBショップ。コルクを抜いてすぐおいしいワインならこちら。

※五十音順

専門店

ほんの少しいいもの、おもしろい
一本を見つけたいとき、そして、
たくさん買いたいときは専門店で！

造り手とダイレクトに
交渉する直輸入型ショップ

ヴィノスやまざき

東京近郊を中心に全国に24店舗。中国・上海にも店舗あり。
0120・740・790　www.v-yamazaki.co.jp
買い付け班が出会った発掘品など、隠れた名ワインも豊富。輸送や倉庫管理、直営ショップでの定温管理にも徹底し、品質をキープしている。

世界の銘醸ワインを最高の状態、
お値打ち価格で

うきうきワインの玉手箱

☎073・441・7867
www.rakuten.ne.jp/gold/wineuki
コストパフォーマンス抜群のデイリーワインが豊富な人気ショップ。魅力あるセレクトが評価され、7年連続で、楽天市場の〝ショップ オブ ザ イヤー〟を受賞。

ハイクオリティワインを揃える
専門店の草分け的存在

ワインショップ・エノテカ

路面店のほか、全国のデパートや商業施設に50以上の店舗を持つほか、カフェ＆バーなどの併設店も。
0120・813・634　www.enoteca.co.jp
世界のワイナリーと直接取引した〝蔵出しワイン〟も多数ラインナップ。週替わりのワインを〝ちょい飲み〟できる試飲イベント（有料）も好評。

季節ごとの
オリジナルセットワインが大ヒット

京橋ワイン

0120・070・880
www.kbwine.com
世界各地の産地から選りすぐったワインを販売。専属バイヤーが選ぶ〝泡３本〟〝赤５本〟など、採算を度外視したセットは、ワインビギナーにもおすすめ。

ワインの味わいと料理の合わせ方

料理の合わせ方に決まりはありません。自分がおいしいと思えばそれでよいのです！

いろいろな料理とワインを合わせながら、自分なりの好みの法則を見つけてください。

お店やレストランでは、「味わいをひと言で」の表現を参考にすると、飲みたいワインのイメージが伝えやすいでしょう。

	「さわやかな白」 ソーヴィニヨン・ブラン	「黄金の白」 シャルドネ
味わいをひと言で	フレッシュな酸味と香り。さっぱりして、キレのいい辛口	酸味、果実味のバランスが魅力。香り豊かなコクのある辛口
味の特徴	ライトな感覚で飲める、爽やかな味わい。青い草や柑橘系の香りとほろ苦さが持ち味。和食やヘルシーな料理と合わせやすい	シャブリなどのステンレスタンク発酵の場合は、キリッとした酸味のある辛口に。オーク樽による発酵は、果実味と香ばしさ、バターっぽいコクが加わる
香りの特徴	ハーブ、グレープフルーツ、桃など	りんごや桃、ときに南国のフルーツやはちみつ
色の特徴	青みがかった薄い黄色	薄い黄色から黄金色まで
合う料理【魚介】	鯛やひらめ、すずきなどの白身魚、いか、牡蠣ほかあっさりした魚介類に。トマトやレモンなどの酸味とも相性がよい	シャブリ系の辛口は牡蠣、あっさりした魚介に。オーク樽発酵系は、サーモン、甲殻類などコクのある素材もＯＫ
合う料理【肉】	鶏、豚などを塩、こしょう、にんにく、レモンなどでシンプルにグリルやソテーしたもの。和食やハーブを使った料理	オーク樽発酵系などコクのあるものは、豚、鶏、鴨のグリルや生クリームを使った料理とシャブリ系は和食にも
ほかに合う料理	きのこ、ナッツ類	きのこ、ナッツ類
この本の料理例	サラダ菜のニース風サラダ(P85)、鯛とアボカドのタルタル(P88)	にんじんとツナ缶のソテー(P51)、バルサミコポークソテーと焼きアボカド(P64)
代表産地	フランス／ボルドー地方(グラーヴ)やロワール地方(サンセール、プイィ・フュメ)、イタリア(フリウリなど北部)、アメリカ、オーストラリア、ニュージーランドなど	フランス／ブルゴーニュ地方(シャブリ、コート・ド・ボーヌ、マコネー)、イタリア(アルト・アディジェなど北部)、アメリカ、オーストラリア、ニュージーランド、チリ、アルゼンチンほか

「魔法の泡」 スパークリング	「千差万別の白」 イタリア品種	「優美なる白」 リースリング
華やかな雰囲気。使用するブドウ品種、生産地によりさまざま	個性的な白。地域によって特徴の異なるブドウ品種を使用	透明感のある酸味。ほのかな甘みからフルーティーな甘みまで
キリッと爽やかな辛口（ブリュットなど）は乾杯から食中酒まで、甘口（ドゥミ・セック、セミ・セッコなど）はデザートワインとして	北部はフランスやドイツに近い造り、中部は酸味と甘みのバランスがよいもの、南部は果実味のあるワインが多い	華やかな香りとほのかな甘みのあるタイプ（ドイツの辛口・トロッケンなど）は食事と合わせやすい。甘いタイプ（アウスレーゼなど）はデザートに
地域とブドウ品種によってさまざま	ドライフルーツ、スパイシーなニュアンス	白い花、柑橘類、マスカットなど
淡い黄色からピンクまで	全体的に薄めが多い。北部には黄金色も	淡い黄緑色
白の辛口と中辛はほぼ万能。刺身、カルパッチョ、魚介のグリル。魚介と野菜を合わせた前菜全般	シャルドネ、ピノ・グリージョなどはコクのある魚介料理に。トマト、にんにく、オリーブオイルを使った料理にも	辛口はあっさりした魚介に、中辛口はサーモン、甲殻類、アジアの魚料理に
口中をさっぱりさせるので意外となんでもＯＫ。ロゼの辛口はハムや肉の前菜、牛などに	シャルドネ、ピノ・グリージョなどはシャルドネ欄を参照。そのほかはソーヴィニヨン・ブランを参照	少し甘めのものは、豚のロースや中華料理。香辛料をきかせた料理にも合う
甘口はデザートに	パスタやピザなどのイタリアン、和食にも	和食、アジア料理
揚げピザ２種（P46）、カリフラワーのムース（P86）	オイルサーディーンパスタ（P51）、野菜と魚介のフリットミスト（P84）	じゃがいもと缶詰のグラタン（P48）、レモンクリームパスタ（P91）
フランス／シャンパーニュ地方、その他（ヴァン・ムスー／クレマンなど）、スペイン（カヴァ）、イタリア（スプマンテ／アスティ、プロセッコなど）、ドイツ（ゼクト）、アメリカ、オーストラリアほか	イタリア／トレンティーノ・アルト・アディジェ（シャルドネ／ソーヴィニヨン・ブラン）、フリウリ（ピノ・グリージョ）、ヴェネト（ソアヴェ）、マルケ（ヴェルディッキオ）、ウンブリア（オルヴィエート）、ラツィオ（フラスカーティ）、アブルッツォ（トレビアーノ）など	ドイツ／モーゼル川、ライン川周辺、フランス／アルザス地方、ニュージーランド、オーストラリア、チリなどの冷涼な地域

「香りの赤」 ピノ・ノワール	「優しさの赤」 メルロー	「威厳の赤」 カベルネ・ソーヴィニヨン	
華やかな香り。優しい酸味と柔らかいタンニン。軽め〜やや重	**果実味たっぷり。ほのかな甘みと柔らかい渋みのやや重タイプ**	**深みがあり、複雑な味わい。タンニンが豊かな重い辛口**	味わいをひと言で
ほどよい酸味と果実味の調和が魅力。産地によって、酸味がシャープなものからタンニンが主張してくる力強いものまで、さまざま	プラムのような甘みがあり、まろやかな味わい。タンニンはカベルネよりは控えめ。フランス・ボルドーではブレンドされることが多い	舌に残るようなタンニンの渋みと甘みのバランスが、深みのある味わいを作り出す。長期熟成も可能	味の特徴
フレッシュなベリー類、バラ、土、きのこなど	カベルネよりは軽いベリー類、プルーンなど	レーズン、濃いベリー類、きのこや墨などの香りも	香りの特徴
透明感のある鮮やかな赤	赤みがかった紫色。熟成するとレンガ色に	濃い紫色。熟成するとエンジ色に	色の特徴
少し冷やして、サーモンやまぐろなどのグリルと	タンニンを感じるので、魚介には合わせにくい	タンニンが多いので、魚介には合わせにくい	合う料理【魚介】
ローストしたビーフ、チキン、鴨、合鴨など。ラムならあっさりした肩ロースのグリルなど。スパイシーすぎないもの	脂身少なめの肉全般、牛もも肉のステーキ、ローストビーフ、ラム肩ロースのグリル、牛もも肉のすき焼き、ローストチキンなど	脂身の多い肉全般、牛のサーロインやラムチョップのステーキ、レバー料理、赤ワイン煮込み、炭火焼き、霜降り肉のすき焼きなど	合う料理【肉】
きのこ類。軽く冷やして和食に	きのこ、ナッツ類	きのこ、ナッツ類	ほかに合う料理
かじきの焦がしバターソテー（P65）、揚げなすのトマトマリネ（P87）	10分ビーフストロガノフ（P62）、チキンのパプリカソース（P95）	カマンベールのココット焼き（P45）、牛肉のビール煮込み（P94）	この本の料理例
フランス／ブルゴーニュ地方（コート・ド・ニュイ／ジュヴレ・シャンベルタン、シャンボール・ミュジニー、ヴォーヌ・ロマネ、モレ・サン・ドニ、ニュイ・サン・ジョルジュ）、**アルザス地方、アメリカ**（カリフォルニア〜オレゴン）、**オーストラリア、ニュージーランド**ほか	**フランス／ボルドー地方**（サン＝テミリオン、ポムロール）、**イタリア**（トスカーナ／ボルゲリ）、**アメリカ、チリ、オーストラリア、ニュージーランド**ほか	**フランス／ボルドー地方**（メドック／サン・ジュリアン、ポイヤック、サンテステフ、マルゴー／グラーヴ）、**イタリア**（トスカーナ）、**アメリカ、オーストラリア、チリ、アルゼンチン、南アフリカ**ほか	代表産地

「エネルギッシュな赤」 **イタリア品種**	「フレンドリーな赤」 **ジンファンデル**	「エキゾチックな赤」 **シラー／シラーズ**
サンジョヴェーゼ、ネッビオーロが２大品種	**甘やかな香りでフルーティー。柔らかいタンニンのやや重タイプ**	**果実味濃厚でスパイシー。ほどよいタンニンで、やや重～重め**
北部は重みがあり、酸味を伴う。中部は酸味と果実味、タンニンのバランスが魅力で、南部は豊かな果実味のおおらかな味わいが傾向	華やかな香りで口当たりがまろやか。甘みと穏やかな渋みのバランスがよい。アメリカ特有のブドウ品種	温かい地域で生産されるため、豊かな果実味、スパイシーさを感じるパンチのきいた味わい。一緒にブレンドされる品種によって味わいが変化
地域とブドウ品種によってさまざま	ドライフルーツ、スパイシーなニュアンス	スパイス類、ベリー類
北部から中部はやや薄め、南は濃いめ	黒みを帯びた深い紅色	黒みを帯びた深い赤紫
軽めの赤は、少し冷やすと合うものもあり	タンニンを感じるので、魚介には合わせにくい	タンニンが豊富なものは魚と合わせにくい
北部のピエモンテのワイン（ネッビオーロ）はしっかり味つけされた肉料理、中部のトスカーナのワイン（サンジョヴェーゼ）や南部はどんな肉料理でも	一番合うのは赤身肉のステーキ。カリフォルニアのカベルネほど重くなく、ピノほど酸味がないので、肉料理全般に合わせやすい	肉は何でも合う。豆や野菜との煮込みや、ソーセージやスペアリブを使ったもの、スパイシーな煮込みからステーキまで
生クリーム、チーズ系のパスタ	肉のロースト料理全般	冷やしてバーベキューに
トマトとチーズの炊き込みリゾット（P92）、魚のオリーブオイルロースト（P97）	豚肩ロースのコンフィ（P96）、チコリとモッツァレラのグラタン（P89）	ベーコンのザワークラウト風（P45）、チキンクスクス（P93）
イタリア／ピエモンテ（ネッビオーロ／バルベーラ／ドルチェット）、**ヴェネト**（ヴァルポリチェッラ／バルドリーノ）、**トスカーナ**（サンジョヴェーゼ／ブルネッロ／メルローなど）、**アブルッツォ**（モンテプルチアーノ・ダブルッツォ）、**シチリア**（ネロ・ダーヴォラ）、**エミリア・ロマーニャ**ほか	主に**アメリカ**	**フランス／ローヌ地方**（エルミタージュ、コート・ロティ、シャトーヌフ・デュ・パプ）、**プロバンス地方、ラングドック・ルーション地方、オーストラリア、チリ、アメリカ**ほか

行正り香／Rika Yukimasa

高校時代からカリフォルニアに留学し、UCバークレー大学を卒業。

帰国後はCMプロデューサーとして活躍。海外出張が多く、
さまざまな国で出会ったおいしいものをアレンジした料理が評判となる。

2007年に料理家に。ワインをはじめ、お酒はなんでも大好き。

著書は『だれか来る日のメニュー』(文化出版局)、『行正り香の今夜は家呑み』(朝日新聞出版)、

『持ちよりパーティーをしよう』『行正り香のインテリア』(以上、講談社)ほか多数。

忙しい人のために、"手抜き"を肯定した作りやすいレシピが魅力。

和食、洋食、エスニックからお菓子まで40冊以上の著書がある。

毎日の献立提案アプリ『今夜の献立、どうしよう?　ＦＯＯＤ/ＤＡＹＳ』、
子ども向け学習ウェブサイト「なるほど!エージェント」の企画制作にも携わる。
２人の娘とインコのひびき、夫との5人暮らし。
オフィシャルサイト　FOOD／DAYS

STAFF

撮影……青砥茂樹（講談社写真部）
ブックデザイン……内藤美歌子（VERSO）
取材協力……金子優子
カリフォルニア取材協力……関根絵里

商品協力

ワイン・アクセサリーズ・クリエイション	☎03・5447・1041	wineac.co.jp
三山株式会社	☎06・6772・1355	www.miyama-tex.co.jp
株式会社ジャパンインターナショナルコマース	☎03・5790・2345	www.jicworld.co.jp
リーデル青山本店	☎03・3404・4456	www.riedel.co.jp

今《こん》夜《や》のワイン、どうしよう？
今《こん》夜《や》のゴハン、どうしよう？

2015年10月29日　第１刷発行

著　者　行正《ゆきまさ》り香《か》

発行者　鈴木 哲
発行所　株式会社 講談社
〒112-8001 東京都文京区音羽2-12-21
編集　☎03-5395-3529
販売　☎03-5395-3606
業務　☎03-5395-3615

印刷所　大日本印刷株式会社
製本所　株式会社国宝社

ISBN978-4-06-219760-1